복 있는 사람

오직 여호와의 율법을 즐거워하여 그 율법을 주야로 묵상하는 자로다.
저는 시냇가에 심은 나무가 시절을 좇아 과실을 맺으며 그 잎사귀가 마르지 아니함 같으니
그 행사가 다 형통하리로다.(시편 1:2-3)

틸리케는 현대 사상과 문화 속에 처한 인간의 문제에 대해 매우 진지하고 열정적으로 천착했던 신학자다. 일찍이 정립한 신학 윤리뿐만 아니라 그와 짝을 이룬 교의학에서도 인간의 삶은 그의 관심의 중심에 있었다. 우리가 손에 잡은 이 책 『신과 악마 사이』는 설교 및 묵상의 형식으로 쓰여졌지만 틸리케의 이러한 신학 방식이 유감없이 드러나는 작품이다.

『신과 악마 사이』는 틸리케가 하이델베르크 대학교에서 가르치던 1938년에 처음 출간되었다. 당시 나치 독일의 정치적·종교적 상황을 직접적으로 언급하지는 않지만, 그에 대한 비판 의식과 경각심을 행간에서 읽을 수 있다. 틸리케는 이 책이 나온 지 2년 뒤에 나치 정권에 의해 교수직을 박탈당한다. 그러나 그는 게슈타포의 삼엄한 위협 속에서도 설교자로서 나치에 저항하여 싸우기를 계속했다. 2차 대전이 끝나고 이 책은 수정 없이 다시 출간될 정도로 많은 사람들의 관심을 끌었다.

오랜 시간이 지났으나 이 책에 담긴 메시지는 지금도 여전히 큰 힘을 지니고 있다. 하나님과 악마 사이, 참된 신과 우상 사이에서 선택의 갈림길에 선 예수 그리스도의 모습을 통해, 이 책은 오늘 우리도 그 갈림길에서 하나님께 절대 신뢰를 고백할 것인지, 아니면 거짓 신에게 굴복할 것인지 선택을 요구받고 있음을 보여준다. 예수의 광야 시험은 곧 우리 자신에 관한 이야기인 것이다. 그러므로 독자 여러분께 부탁한다. 관찰자의 시점에서 삼인칭으로 읽지 말고 자기 자신을 관여시켜 일인칭으로, 당사자로 이 책을 읽기를 바란다.

강영안 | 미국 칼빈신학교 철학신학 교수, 서강대학교 철학과 명예교수

틸리케의 글에는 특별함이 있다. 문장 하나하나가 수정처럼 빛난다. 학문적 엄밀성과 심오한 신학적 사유, 그리고 개인의 신앙고백이 응축되어 있기 때문이다. 틸리케는 이 책에서 우리를 2천 년 전 광야에 계신 예수 그리스도 곁으로 데려간다. 거기서 예수께서 받으신 시험을 통해 인간 존재의 심연을 들여다보고 우리 자신을 직면하도록 한다. 우리는 이 예수의 시험이 오늘의 나를 에워싸고 있는 시험이며, 인간이라면 누구나 마주해야 할 시험임을 깨닫는다. 그리고 예수의 승리에서 악마의 계략을 뚫고 나갈 길을 발견한다.

글을 읽다가 자주 멈추어 호흡을 고를 수밖에 없다. 문장 하나하나에 담긴 의미가 너무나 크기 때문이고, 외면하고 부정해 온 자신의 내면을 마주하게 만들기 때문이다. 고전으로 인정받을 만한 깊이와 무게와 품격이 느껴지는 작품이다. 한 문장도 소홀히 하지 않고 원뜻을 담기 위해 정성을 다한 옮긴이 덕분에 이 책은 더욱 빛난다. 이 책이 각자의 광야 시험에 직면해 있는 우리 모두에게 큰 위로와 도전이 되기를 기대한다.

김영봉 | 와싱톤사귐의교회 담임목사

당신은 이 책을 싫어하게 될 것이다. 틀림없다. 인간의 가난하고 벌거벗은 모습을 적나라하게 보여주기 때문이다. 틸리케의 사유에서 '거울'은 중요한 유비다. 그리스도는 하나님의 마음을 보여주는 거울일 뿐만 아니라 우리 마음의 거울이다.

인간은 스스로를 선과 악 사이에서 분투하는 전사로 여긴다. 그리고 이 싸움에서 영웅이 되기를 꿈꾼다. 틸리케는 그 꿈을 무참히 깨트린다. 인간은 이 싸움의 전사나 영웅이 아니라 싸움터라고 한다. 인간 안에서 얼마나 치열한 싸움이 벌어지고 있는지, 틸리케는 예수의 광야 시험을 통해 그 실상을 섬뜩하게 보여준다.

나치라는 가공할 만한 악의 현실을 경험하면서 인간에 대한 질문을 집요하게 물고 늘어진 틸리케의 끈기가 돋보이는 저작이다. 과학기술이 인간 위에 군림하는 시대에 대한 통찰 등, 오늘날도 여전히 호소력을 갖고 있는 지혜를 접하면서 고전의 힘을 실감하기도 한다. 자신의 진면목을 마주할 용기가 있는 독자들에게 이 책을 추천한다. 듣기 싫은 소리에 점점 귀 기울이는 자신을 발견하게 될 것이다.

박영호 | 포항제일교회 담임목사

신과 악마
사이

Zwischen Gott und Satan

Helmut Thielicke

신과 악마 사이

헬무트 틸리케

복 있는 사람

신과 악마 사이

2022년 5월 3일 초판 1쇄 발행
2023년 12월 4일 초판 5쇄 발행

지은이 헬무트 틸리케
옮긴이 손성현
펴낸이 박종현

(주) 복 있는 사람
주소 서울특별시 마포구 연남동 246-21(성미산로23길 26-6)
전화 02-723-7183, 7734(영업·마케팅) 팩스 02-723-7184
이메일 hismessage@naver.com
등록 1998년 1월 19일 제1-2280호

ISBN 979-11-91987-58-4 03230

차례

첫 번째 시험: 굶주림의 현실 62

두 번째 시험: 자기과시의 부추김 100

세 번째

시험: 예수의 이 세상 나라 129

일러두기

- 이 책은 헬무트 틸리케(Helmut Thielicke)의 *Zwischen Gott und Satan*(München: Paul List Verlag, 1960) 제3판을 번역한 것이다.
- 이 책에 인용된 성경 구절은 '새번역'을 따랐으며, 부분적으로 문맥상 더 적합한 말로 바꾸기도 했다.
- 저자 주 끝에는 **표시를 했으며, 별도 표시가 없는 것은 모두 옮긴이 주다.

옮긴이의 글

긴 싸움을 위한 영혼의 참호

"아빠, 모두 망가져 버렸어."

어린 아들은 하루아침에 폐허로 변해 버린 교회의 잔해 더미를 바라보며 말했다. 그 아이의 아빠, 그 교회의 젊은 목사였던 헬무트 틸리케는 아무런 말도 하지 못했다. 그만큼 아들의 말은 슬펐다. 그만큼 교회의 모습은 처참했다. 연합군의 대대적인 공습이 휩쓸고 지나간 슈투트가르트는 완전히 초토화되었다. 그 도시의 대표적 교회로서 7백 년의 역사와 위용을 자랑하던 슈티프트 교회Stiftskirche도 무자비한 폭격의 희생물이 되어 무너져 내렸다. 포연이 피어오르는 폐허 더미 아래서는 낯익은 이웃들이 싸늘한 주검으로 발견되고 있었다. 그는 무슨 생각을 할 수 있었을까? "우리는 무시무시한 폭격 앞에서 두려워하고 있었다. 나는 나 자신의 삶에 대해 생각하는 것을 포기하고 이제 마지막 숨을 거두는 아이들과 사람들을 위해 기도했다. 그것이 목회자의 일이었다. 그리고 나도 언젠가는 같은 처지에 놓일 것이라고 생각했다."■

그러나 생각의 방공호 속에 숨어 있을 수만은 없었다. 무너진 건물에 깔려 신음하는 사람들을 꺼내기 위해 사력을 다했고 그럼에도 살려 내지 못했을 때 허탈감과 무력감으로 주저앉아야 했다. 포탄에 맞은 시신들을 트럭에 실어 공동묘지로 나르고 그 가족들의 비통한 얼굴과 오열을 마주해야 했다. 그런 상황에서도 계속해서 설교를 하고 성례전을 집례해야 했다. 무너진 교회터에 임시로 마련한 강단에 대강절 초를 켜고 빵과 포도주를 분배해야 했다. 패전을 거듭하고 있는 전장에서 극도의 두려움에 시달리는 병사들을 격려하는, 결코 쉽지 않은 편지를 부지런히 써서 보내야 했다. 나치 정권의 패망 직후에는 치안의 공백 속에서 자행되는 점령군의 횡포를 온몸으로 막아 내야 했다. 그것이 목회자 틸리케의 일이었다. 그런데 그의 처절한 사역을 자꾸 떠올리다 보면, '그래야만 했던' 틸리케가 아니라 '그럴 수 있었던' 틸리케의 모습이 더욱 선명하게 다가온다. 결국 우리는 이렇게 묻게 된다. '그는 어떻게 그럴 수 있었을까?'

■ 틸리케 자신의 회상. 틸리케의 삶과 관련된 주요 내용은 안계정, 『헬무트 틸리케의 삶과 신앙』(서울: 한국학술정보, 2011)을 참고했다. 이 책은 틸리케 자서전 『어느 아름다운 별의 손님으로』(*Zu Gast auf einem schönen Stern: Erinnerung*, Hamburg: Hoffmann & Campe, 1984)를 기초로 한국 독자들에게 틸리케의 삶과 사상을 소개하고 있다.

놀랍게도 이 책이 그 물음에 대한 대답이 될 수 있다는 결론에 도달했다. 이 책이 첫 출간된 연도가 그것을 강력하게 암시한다. 틸리케 자신이 제3판1955년 서문에서 밝히고 있듯이 "이 작은 책은……1938년에 처음 출간되었다." 그때 저자의 나이는 불과 서른 살이었다. 1908년 독일 바르멘에서 태어난 틸리케는 '갑상선종'이라는 치명적인 병과 싸우면서도 스물넷의 나이에 에를랑겐에서 철학박사 학위를 취득했고,1932년 쾰른 병원에서 기적적인 회복1933년을 경험한 이후 에를랑겐에서 그의 신학박사 학위 논문1934년과 교수자격 논문1935년이 통과되었다. 그리고 이듬해 우여곡절 끝에 하이델베르크 대학교 교수로 임용되었다. 그의 학문적 탁월성은 이렇듯 이십 대 때부터 빛을 발하고 있었다. 그의 비범하고 비타협적인 비판 정신도 그와 함께 맹렬히 타오르고 있었다. 그와 같은 정신과 나치 세력의 전면 충돌은 불가피한 일이었다. 물론 그는 혼자가 아니었다. 하지만 히틀러의 나치는 너무나 강력했다.

청년 틸리케의 정세 판단은 비관적이었다. 그는 나치의 지배가 오래 지속되어 모든 소중한 것을 파괴하고 말 것이라고 내다보았다. 그 강력하고 집요한 폭정이 거대한 뱀처럼 그의 삶과 정신을 칭칭 묶어 버려 질식할 것만 같았다. 외적으로는 흔들림 없이 저항했지만, 내적으로는 휘청거리고 있는 자신을 발견했다. '어떻게 해야 하나?' 바로 그때 그의 눈길이 향한 곳은 예수께서 시험을 당하신 광야였다. 틸리케는 그 이야기를 다시 새롭게 읽기 시작했다. 거기서 그는 자기 안의 조급함과 불신앙과 의심을 직시할 수 있었다. 그것을 슬며시 부추겨 한편으로는 냉소적 무신론을, 다른 한편으로는 미신과 맹신을 유도하는 악마의 간계를 간파할 수 있었다. 무엇보다도 그 악마의 시험을 이겨 낼 수 있는 유일한 길, 예수 그리스도를 올바로 바라보게 되었다. "예수 자신이 어떻게 해서 운명과의 대결에서 고난을 극복하고 인생의 거친 파도를 타고 넘으셨는지"를 배울 수 있었다. 그것은 또 한 번의 기적적인 소생이었다.■

서른 살의 청년 신학자가 광야의 시험 이야기를 읽고 묵상하고 쓰던 시간을 떠올려 본다. 그 시간은 영혼의 참호를 파 놓는 시간이었다. 강력한 악과 맞서 결전을 치러야 하는 자에게 그런 참호가 있느냐 없느냐는 사느냐 죽느냐의 문제가 된다. 틸리케는 근본을 파고들어 가서 가장 든든한 참호를 마련했다. 곧이어 악마의 파상 공세가 시작될 것을 예감했던 것일까? 참호가 완성되자마자 치열한 전투가 불붙었다. 1939년 틸리케는 지성의 전당인 대학마저도 나치의 선전 도구로 전락시킨 '제국 대학생 연맹'에 맞서 공개적으로 나치 비판 연설을 행했다. 하이델베르크 대학교 신학부는 즉각 틸리케의 신분을 시간 강사로 강등시켰고 얼마 후 해고 통지서를 전달했다. 나치의 비밀경찰 게슈타포는 틸리케에게 글쓰기, 말하기, 여행 금지 명령을 내렸다. 촉망받던 젊은 신학자는 대학 강단에서 쫓겨난 실직자가 되고 위험인물로 낙인이 찍혔다.

1940년 독일 최남단의 한적한 시골 마을 라벤스부르크로 급히 거처를 옮긴 그를 기다리고 있는 것은 설교단이었다. 그 위험한 유배의 시간에 그는—훗날 많은 사람들이 말하듯이—"스펄전

■ 이 책에 대한 틸리케의 또 다른 서문(1964년 함부르크)을 참조했다. 『하나님과 악마 사이』, 한모길 옮김(서울: 성광문화사, 1978), 3-5.

이후 가장 위대한 설교자"로 거듭난다. 1942년부터 1945년 나치의 패망까지는 슈투트가르트 슈티프트 교회에서 뜨겁게 설교하고 강연했다. 매주 목요일 저녁에 열리는 틸리케의 대중 강연에는 수많은 사람들이 몰려들어 발 디딜 틈도 없었다. 폭격으로 폐허가 된 도시의 영적인 갈급함은 최악의 상황 속에서도 말씀을 찾는 이들의 모습으로 나타났다. 도시는 부서지고 무너지고 잿더미가 되었지만 그들은 버텨 냈다. 그들과 함께 틸리케도 버텨 낼 수 있었다. 참호가 있었기 때문이다. 거기서 악마의 실체를 제대로 보았기 때문이다.

스위스의 위대한 신학자 칼 바르트는 독일의 동료 신학자들이 '악마' 운운하는 것이 꽤나 못마땅했던 것 같다. 너도나도 열광적으로 '악마 타령'이나 하고 있는 것이 답답했던 바르트는 작심하고 쓴소리를 날렸다. "여러분, 그런 말을 하면서 마치 마술적인 세계관에 빠져들 것만 같군요!……왜 그렇게 악마 얘기만 하는 거요? 왜 구체적으로, 우리가 정치적으로는 정말 바보들이었다고 말하지 않는 거요?" 바르트는 틸리케가 자기도 "악마의 두 눈을 보았다"고 말하는 것을 듣고는 이렇게 쏘아붙였다. "(그런데도) 악마에게 깊은 인상을 주지는 못했나 보구먼!"■ 상대방의 얼굴을 화끈 달아오르게 만드는, 빈정거림에 가까운, 너무 야박하다 싶은 촌평이다. 때로는 이런 농담이 본격적인 논박보다 더 강하게 상대방의 전투력을 꺾어 놓는다. 그러나 이 책의 독자들은 알고 있다. 적어도 틸리케가 응시하고 있는 악마는 결코 마술적인 세계관 속에나 등장하는 존재가 아니라 성경이 증언하고

■ 에버하르트 부쉬, 『칼 바르트』, 손성현 옮김(서울: 복 있는 사람, 2014), 557.

있는 실체라는 사실을! 오늘을 사는 우리도 때때로 하나님의 가면을 쓰고 나타나는 악마의 교활하고 섬뜩한 눈을 분별해야 한다는 사실을! 물론 바르트도 틸리케가 그 정도의 말에—아무리 큰 사상가의 아무리 매서운 공격이라 할지라도—흔들릴 사람이 아니라는 사실을 알고 있었다. 바르트는 생애 말년에 종종 틸리케를 언급하며, 그의 '맷집' 하나는 인정해 주어야 한다고 말했다. 바르트가 아는 틸리케는 "자신에 대한 최악의 비난도 가만히 듣고 꿀꺽 삼키면서 아무렇지도 않게 바깥 풍경을 내다보는 능력"을 가지고 있었다.■ 그런 그였기에 어떤 공격에도 끄떡하지 않는 투지로 논쟁하고 가르치고 끝까지 설교했다.

전후 독일의 상황에서 틸리케는 대학의 강단과 교회의 설교단을 새롭게 하고자 노력했다. 1945년 튀빙겐 대학교 신학부 교수로 부임하고 1951년에는 튀빙겐 대학교 총장이 되어 안정적으로 학자의 삶을 살 수 있었지만, 그는 주님의 부르심이 있는 곳으로 향했다. 북부 독일의 항구 도시 함부르크는 그때까지만 해도 신학부의 전통이 아예 없었고 영적으로 황무지와 같은 곳, 물질적 가치만 출렁이는 곳이었다. 틸리케는 가족과 동료들의 만류를 뿌리치고 1954년 함부르크로 갔다. 거기서도 틸리케의 설교는 이례적으로 폭발적인 반응을 불러일으켰다. 1955년 12월, 독일의 시사 주간지 '슈피겔'Der Spiegel의 표지에는 설교자 헬무트 틸리케의 사진이 실렸다. 그 저명한 주간지는 틸리케의 삶과 신

■ 칼 바르트의 마지막 조교 에버하르트 부쉬의 일기 중에서. Eberhard Busch, *Meine Zeit mit Karl Barth. Tagebuch 1965-1968*(Göttingen: Vandenhoeck & Ruprecht, 2011), 153, 499, 523.

■■ Der Spiegel 52/1955, HELMUT THIELICKE. Kanzel und Kathedar.

학과 설교를 특집으로 보도했다.[■■] 함부르크에서 가장 큰 교회로서 3천여 좌석을 확보하고 있는 성 미카엘 교회는 예배 시작 한 시간 전부터 이미 만석이 되었다. 교통경찰이 나서서 차량을 통제해야 했다. 틸리케는 설교의 시대가 아직 끝나지 않았음을 보여주는 산 증거였다.

1960년 함부르크 대학교의 총장으로 선출된 틸리케는 다시 한번 격동의 역사와 맞부딪혔다. 그야말로 끝이 없는 싸움이었다. 1960년대 말에는 신학적으로 바르트 학파와 격돌했고, 대학과 교회 안에서는 과격한 학생 운동과 충돌했다. 고단한 싸움이었다. 결국 그는 생의 마지막을 연구와 저술에 집중하기로 하고 외적인 활동을 서서히 줄여 나갔다. 예외적인 만남도 있었다. 1977년 세계적인 부흥사 빌리 그레이엄의 초청으로 미국을 방문했다. 그때 지미 카터 대통령의 초청을 받아 백악관에서 그와 개인적인 이야기를 나누기도 했다. 1986년 3월 5일, 틸리케는 "어느 아름다운 별의 손님으로"[■] 잠시 머무르던 삶을 마치고 하나님 품에 안겼다.

'영혼의 참호.' 이것은 청년 틸리케의 치열한 글을 번역한 후 여러 차례 다시 읽는 동안 떠오른 말이다. '긴 싸움.' 이것은 마지막까지 쉴 새 없이 그의 삶에 휘몰아쳤던 시험의 폭풍을 가만히 묵상하며 툭 내뱉은 말이다. 긴 싸움은 누구에게나 닥쳐온다. 그러나 영혼을 위해 견고한 참호를 마련해 두는 사람은 많지 않다. 틸리케는 긴 싸움을 예감하며 참호를 파기 시작했다. 정확하게 마흔 개의 주제로 구간을 나누고 각각의 주제를 긴밀하게 연

■ 위에서 언급한 틸리케 자서전의 제목.

결시켰다. 그렇게 우리는 사십 일 동안 시내 산에 머무른 모세와, 사십 일 동안 걸어서 호렙 산에 도달한 엘리야와 연결된다. 또 그렇게 사십 일 동안 광야에서 싸우신 예수 그리스도와 연결된다. 참호에 엎드려 원수의 동태를 살핀다. 그리고 야전 사령관의 명령을 숨죽이며 기다린다. 고요하다.

2022년 사순절 신촌에서
손성현

제3판
서문

예수께서 당하신 시험을 다루고, 인간이란 언제든지 시험에 빠질 수 있다는 사실을 다루는 이 작은 책은 1938년 처음으로 출간되었다. 당시의 구체적인 상황과 민감한 문제들을 너무 직접적으로 건드리지는 않으면서, 이데올로기적 폭정으로 인해 극심한 시험에 빠진 예수 그리스도의 교회를 굳건하게 하려는 마음이었다.

독재 체제가 무너진 직후 1946년에 이 책은 다시 한번 출간되었다. 시험의 형식은 변했지만, 시험하는 자, '모든 것을 혼란에 빠뜨리는 자'는 그대로였다. 그는 새로운 두려움과 새로운 유혹을 획책하고 있었다. 그의 전략적 목표는 이전과 똑같았다. 전술적 수단만 바뀐 것이었다. 예수께서 당하신 시험을 철저하게 연구하는 사람은 이렇듯 다양한 가면 뒤에 숨어 있는 동일한 존재의 정체를 꿰뚫어 보게 된다.

이제 내가 저자로서 이 작은 책의 세 번째 출간을 허용하게 된 것은 내 나름의 믿음이 있기 때문이다. 그것은 이 책이 어제도 그제도 새로운 이야기가 덧붙여지는 저 특별한 과거의 매혹에서 튀어나온 글이 아니라—만일 그렇다면 그 시간이 지나가 버림과 동시에 이 책도 사라져야 했을 텐데—모든 시간의 주인이신 주님께 순종함으로 써 내려간 글이라는 믿음이다. 그분은 모든 시간 속에서 땅의 시간을 인식하는 법을 가르치신다. 그 시간은 인간이 언제나 길을 잃고 그와 동시에 (그분에 의해) 발견되는 시간, 언제나 같은 땅의 시간이다. 모든 시간의 핵심이라고 할 수 있는 바로 그 시간을 자기가 직접 마주했으며 직접 그 시간과 자기가 대화했다고 생각하는 사람이라면, 정말 그랬기를 감히 바라는 사람이라면, 끔찍한 재난의 시대 이전이나 이후나 똑같은 말을 하는 것이 허용되리라는 희망을 품어도 될 것 같다. 그리고 이것은 하나의 작은 조각에 불과한 이 책이 시대를 초월하는 무슨 가치를 지니고 있다는 황당한 생각 때문이 아니라, 그때와 똑같은 심판이 여전히 역사하며 그때와 똑같은 언약이 여전히 유효하기 때문이다. 오로지 그것 때문이다.

1955년 봄 함부르크에서
헬무트 틸리케

—

바벨론 제국이 제아무리 거대하다고 해도
정말로 우리의 바벨론적인 마음만큼 그렇게 크고 한이 없다면
그것은 한갓 농담이리라.

프랜시스 톰슨, 「마음 The Heart」

—

그의 정신은 두 시대의 전쟁터,
그가 악마를 본다는 것이 나는 전혀 놀랍지 않다.

콘라트 페르디난트 마이어, 「후텐의 최후 Huttens letzte Tage」

그 즈음에 예수께서 성령에 이끌려 광야로 가셔서, 악마에게 시험을 받으셨다. 예수께서 밤낮 사십 일을 금식하시니, 시장하셨다. 그런데 시험하는 자가 와서, 예수께 말하였다. “네가 하나님의 아들이거든, 이 돌들에게 빵이 되라고 말해 보아라.” 예수께서 대답하셨다. “성경에 기록하기를 ‘사람이 빵으로만 살 것이 아니라, 하나님의 입에서 나오는 모든 말씀으로 살 것이다’ 하였다.” 그때에 악마는 예수를 그 거룩한 도성으로 데리고 가서, 성전 꼭대기에 세우고 말하였다. “네가 하나님의 아들이거든, 여기에서 뛰어내려 보아라. 성경에 기록하기를 ‘하나님이 너를 위하여 자기 천사들에게 명하실 것이다’ 그리고 ‘그들이 손으로 너를 떠받쳐서, 너의 발이 돌에 부딪치지 않게 할 것이다’ 하였다.” 예수께서 악마에게 말씀하셨다. “또 성경에 기록하기를 ‘주 너의 하나님을 시험하지 말아라’ 하였다.” 또다시 악마는 예수를 매우 높은 산으로 데리고 가서, 세상의 모든 나라와 그 영광을 보여주고 말하였다. “네가 나에게 엎드려서 절을 하면, 이 모든 것을 네게 주겠다.” 그때에 예수께서 그에게 말씀하셨다. “사탄아, 물러가라. 성경에 기록하기를 ‘주 너의 하나님께 경배하고, 그분만을 섬겨라’ 하였다.” 이때에 악마는 떠나가고, 천사들이 와서, 예수께 시중을 들었다.

마태복음 4:1-11

서곡: 빵, 성전 꼭대기, 광야의 모래 속에서 반짝이는 나라들

그 즈음에 예수께서 성령에 이끌려 광야로 가셔서, 악마에게 시험을 받으셨다. 예수께서 밤낮 사십 일을 금식하시니, 시장하셨다.

마태복음 4:1-2

1. 광야를 보다

이렇게 막이 오른 이야기는 폭풍처럼 몰려와 수많은 이미지와 생각들로 우리를 휘감는다.

어떤 이미지인가? 먼저 황량한 땅이 보인다. 사람도 사물도 하나 찾아볼 수 없는 곳, 그저 끝없이 펼쳐진 너른 땅 위로 기이한 그림자가 눈에 들어온다. 그리고 나타난 두 인물의 형체는 엄청난 금액을 걸고 도박을 하는 것 같다. 혹은 싸우고 있는 것일까? 아무것도 없는 이 외딴곳에서 무엇을 차지하려고 싸우는 것일까? 무엇을 노리는 싸움인가?

우리는 그것이 무엇을 위한 싸움인지 알고 있다. 여기, 광야 한복판에서, 아무것도 없는 이곳에서 땅과 인간을 차지하기 위한 싸움이 벌어진다. 그 땅은 나의 땅, 당신의 땅이다. 그 인간은 바로 나, 그리고 당신이다. 여기서 치열한 싸움을 벌이고 있는 두 형체는 하나님의 아들과 악마다.

한 시간 후에 싸움은 결판난다. 둘 중 하나가 패잔병이 도망치듯 전장을 빠져나간다. 그 후에 예수께서는 신비로운 환상 중에 사탄이 하늘에서 번갯불처럼 떨어지는 것을 보신다.[눅 10:18] 그 악마가 도망칠 때 여기 광야의 지평선 위로 추락의 섬광이 번쩍인다. 실로 그의 도주 행각이 이제 시작된 것이다. 추방된 신세이기는 하지만 한동안은[요 12:31; 계 20:1, 2, 10] 근근이 버티면서 이 세상을 불안하게 만들고,[계 12:9; 20:7] 이 세상의 은밀한 통치자 행세를 할 것이다.[요 12:31; 14:30; 16:11] 공중 권세를 휘두르면서[엡 2:2] 때로는 어둠 속에[엡 6:12; 골 1:13] 때로는 빛 속에 숨어[고후 11:14] 제자들의 후방을 공격하며 괴롭히고,[딤전 4:1; 벧전 5:8] 언제라도 그들의 마음을 뒤흔들고자 기회만 엿보며 삼킬 자를 찾을 것이다.

그러면 광야에 있던 또 하나의 형체는 어떤가? 우리가 일반적으로 아는 승자의 모습처럼, 승리의 관을 쓰고 가슴을 펴고 자신의 세력이 더욱 강력해진 것을 느끼면서 의기양양하게 싸움터를 빠져나오는가? 이제는 누가 봐도 알 수 있도록 모든 이름 위에 뛰어난 이름을 얻은 것인가?[빌 2:9]

오, 그렇지 않다. 이 승리는 인간의 승리와 얼마나 다른 모습인가! 그분은 서서히 몸을 일으켜 그때부터 고난의 길을 걸어가신다. 그분 역시 세상 속으로 들어가신다. 다시 한번 격렬한 싸움이 벌어질 것이다. 다시 한번 깊은 어둠의 세력이 사나운 파도처럼 그분에게 달려들 것이다. 전쟁터가 된 세상, 하나님과 악마의 격전장이 되어 버린 세상을 통과해서 가신다. 첫 번째 승리를 거두자마자 그분은 그 세상의 문으로 들어가신다. 그 싸움은 사람들을 위한 것이다. 그리스도께서는 자신이 만난 사람들, 곧 세리와 바리새인, 심령이 가난한 자들과 이 세상에서 지혜로운 자들, 풍족한 자들과 궁핍한 자들, 프롤레타리아와 기업가, 굶주리고 목마른 자들, 안정적이며 만족스런 삶을 사는 자들, 이 모든 영혼을 위해 싸우실 것이다. 그리고 그들로 인하여 죽으실 것이다. 그러나 그들을 위해 부활하고 또 싸우실 것이다.

그래서 이 싸움의 승자는 거기로부터마 26:46 곧장 십자가를 향해 걸어간다. 하나님께 완전히 버림받은 것처럼 보일 수밖에 없는막 15:34 그곳을 향해서!

결국 십자가에 이르는 길이 이 광야에서 시작되었다고 하면, 엄밀히 말해 그분은 패배자가 아닐까? 모든 것을 잃은 파산자, 왕관마저 빼앗긴 실패한 왕이 아닐까? 승리를 거두었다고는 하지만, 엄청난 희생이 뒤따랐으니 '피로스의 승리'[1]라고 불러야 할까? 이제 그분은 십자가의 길, 고난의 길, 영원한 상처의 길을 걸어가신다. 영광의 길, 개선장군의 길, 하나님의 길이 아니다(어떻게 하나님이 위풍당당한 개선 행렬 아닌 다른 길을 걸으실 수 있을까?).

어쩌면 이 싸움은 무승부로 끝난 것일 수 있다. 장기적인 관점에서 볼 때는 오히려 그때부터 어둠의 세력이 세상을 차지하고 새로운 지배자로 즉위하게 된 것인지도 모른다(우리가 살고 있는 20세기 곳곳에서 일어나는 일들을 볼 때 누가 감히 아니라고 할 수 있겠는가?). 모든 것이 악마의 지배를 확인해 주는 것처럼 보인다.

그런데 싸움이 끝난 광야에서 또 다른 모습이 목격된다. "악마는 떠나가고, 천사들이 와서, 예수께 시중을 들었다."마 4:11 그렇다면 확실한 승리가 분명한데…….

2. 시험의 비밀: 인간은 하나님의 주인?

이제 우리는 어렴풋이 감을 잡는다. 그리스도와 악마가 대결하는 이 이야기는 사실 우리 자신에 대한 이야기다. 그래서 우리는 이 광야 이야기가 우리에게 무슨 말을 하고 있는지, 그 안에서 우리에게 무슨 일이 일어나고 있는지를 유심히 살펴보려고 한다. 왜냐하면 여기에 우리의 운명이 걸려 있기 때문이다. 여기서 싸우고 계신 예수 그리스도는 "하나님 마음의 거울"(마르틴 루터)일 뿐 아니라 우리 마음의 거울빌 2:7이기도 하다. 우리의 벌거벗은 몸, 우리의 곤궁함과 갇혀 있음을 비춰 주는 거울이다.마 25:35 이하 예수 그리스도께서 광야에서 시험을 당하는 모습은 우리에게 이런 메시지를 건네고 있다. '봐라, 여기 이 고통과 이 싸움 속에서 하나님의 아들이 네 형제가 되셨다. 그분의 어깨를 내리누르며 그분을 괴롭게 만드는 것은 사실 네 삶을 짓누르는 것, 그래서 이 세상 그 무엇보다 네 삶을 규정하는 것이다. 그분은 여기서 너와 함께 시험을 당하고 계시다. 인간의 삶이 가장 절박한 지점, 가장 끔찍한 지점, 그토록 극심한 시험에 부딪쳤는데도 어떻게 부서지지 않고 버텨 낼 수 있는지를 네게 보여주신다. 그분은 여기서 친히 사악한 힘과 맞부딪힘으로써, 네 삶에서 그런 치명적인 지점이 어디에 있는지를 보여주신다. 또한 거기서 벗어날 수 있는 길은 어디에 있는지를 보여주신다.'

하지만 우리의 삶을 규정하는 것이, 그것도 가장 크게 규정하고 위협할 수도 있는 것이 정말 시험이란 말인가? 그렇다. 시험은 그 정도로 심각한 것이다. 그렇지 않다면, "우리를 시험에 들지 않게 하시고……"[마 6:13]라는 간구를 어떻게 이해할 수 있겠는가?

시험에 든다는 것은, 하나님을 향한 신실함을 포기하려는 마음 상태에 머물러 있는 것이다. 하나님에게서 벗어나고자 계속해서 기회를 엿보는 것이다. 하나님에 대한 의심을 품고 살아가는 것이다. '섬뜩한 왕이시여, 내가 당신의 계명을 어떻게 지킬 수 있다는 말입니까? 나를 그냥 내버려 두십시오! 지혜로운 자들도 무너지고 예언자들과 영웅들도 마찬가지 아닙니까? 우리 마음을 다 아시는 끔찍한 분이시여,[막 2:8] 내가 어떻게 내 마음의 생각을 바꿀 수 있습니까?[마 5:28] 마음은커녕 내 행동조차 어쩌지 못합니다. 제멋대로 날뛰는 내 행동을 멍하니 바라볼 뿐입니다! 당신이 하나님이라면 이런 일이 일어나도록 그냥 내버려 두지 않으셨을 겁니다. 우리를 새까맣게 만들어 놓고 어떻게 새하얗게 되기를 원하십니까? 아니, 도대체 당신은 정말 하나님입니까? 정말 이것이 하나님의 말씀입니까?[창 3:1] 이 끔찍한 율법은 사악한 환상의 산물이 아닙니까?'

시험은 이렇게 우리의 마음을 갉아먹는다. 시험에 들면 우리는 언제라도 하나님에게서 떠날 차비를 갖춘다. 그분의 하나님됨을 의심하고 우리의 인간성을 기억하기 시작한다.

시험은 또 다른 방향에서 오기도 한다. '하나님은 어떻게 내게 이런 일이 일어나게 하실 수 있을까? 그래, 그분이 내게 이 병을 주신 거야. 난 이해할 수 있어. 하나님은 정말 지혜로운 분이니까 나한테 이런 게 필요했다는 걸 아신 거야. 따끔한 회초리가 필요했던 것 아닐까? '정신을 차려'야 했던 것 아닐까? 더 성숙하기 위해 고통이 필요했던 것 아닐까? 생명의 의미를 깨닫기 위해 죽음이 얼마나 가까이 있는지 알아야 했던 것 아닐까? 모든 생명에는 끝이 있고 낭떠러지가 있다는 사실을 의식하지 못한 채 미친 듯이 달리기만 했던 탓 아닐까? 확실해. 나한테는 이 모든 것이 필요했던 거야. 정말 다행스러운 일이지. 이렇게 고통이 지혜롭고 의미 있게 느껴지는 걸 보니, 모든 것을 아시는 분의 지혜로운 섭리에서 나온 것 같아. 아무래도 이건 하나님의 뜻인 것 같아.'

이것은 하나님에 대한 나의 생각이다. 나와 나의 이성이 하나님에 관한 것을 규정하고 있는 것이다. 나와 나의 이성은, 하나님이 정말 하나님이려면 '어떠해야 하는지'를 알고 있다. 예컨대 그분은 지혜로워야 하고(그러나 내가 이해할 수 있는 형태의 지혜로움으로) 심오해야 하고 내게 가장 좋은 것을 베풀어 주셔야 한다. 그분은 내 삶을 기쁨으로—때로는 고통으로라도—풍요롭고 소중한 것으로 만들어 주셔야 한다(영리한 우리는 고통의 의미도 어느 정도 알고 있다!). 그분은 우리 민족을 지켜 주셔야 한다. 우리 민족은 이 세상에서 특별한 사명을 받은 민족이기 때문이다. 그러므로 오직 이 사명이 이루어지는 곳에 하나님도 계시고 그분의 섭리도 존재한다. 그분이 정말 하나님이라면 이런 분이셔야 한다. 그분은 돌로 빵을 만들 수 있어야 한다. 그분이 정말 하나님이라면 성전 꼭대기에서 뛰어내릴 수 있어야 한다. 이런 조건을 제시하는 것은 우리 자신이다. 하나님이 그 조건을 만족시키면 우리는 그분을 하나님이라고 부른다. 결국, 우리가 하나님의 주인인 셈이다.

그러나 진실은 우리가 생각하는 것과는 정반대다. 이 진실을

'이론적으로' 선언하면 놀라울 정도로 단순하게 들린다. 우리의 모든 환상과는 정반대로 하나님이 우리 주인이시다. 실제로 그렇다. 그분의 생각은 우리의 생각보다 높고 그분의 길은 우리의 길보다 높다.사 55:8-9

하지만 우리는 '이론적으로'는 이것을 인정하면서도 실제로는 전혀 다른 삶을 살고 있다. 현실 속에서 우리의 삶은 정반대로 흘러간다. 우리는 하나님마저 좌지우지하려고 하면서 신의 자리를 넘본다. 그래서 의심이 닥쳐오는 것이다. 우리 자신이 하나님의 기준이 되려고 한다. 그런 우리는 하나님의 행동을 도무지 이해할 수 없다. 그래서 시험이 고개를 쳐든다. '정말 하나님이 그렇게 말씀하셨을까? 이런 일을 하신 분이 정말 하나님일까? 아니야. 하나님이 계시다면, 진짜 하나님다운 모습을 보여주셔야 해!'

3. 욥: 시험하는 자의 고문대와 모래시계

고통이 견딜 만한 수준을 넘어설 때, 우리에게 의미 있게 다가올 수 있는 정도를 넘어선 것처럼 느껴질 때, 누구라도 그런 의심을 품게 된다.

사탄은 온갖 재앙으로 욥을 쳤다. 욥의 재물, 하인들, 자식들을 앗아 갔다. 욥은 만족스럽고 경건한 삶의 정상에서(아, 거기서는 경건하기가 얼마나 쉬운가!) 비참한 가난과 처절한 수치의 구렁텅이로 내동댕이쳐졌다. "주신 분도 주님이시요, 가져가신 분도 주님이시니, 주님의 이름을 찬양할 뿐입니다."욥 1:21 그렇다. 욥은 마지막 힘을 다해서 그 불행의 의미를 붙잡는다. 그 불행을 통해 자신을 바라보시는 하나님의 말씀을 끌어안고 그분의 위로에 매달린다. '주실 수도 있고 가져가실 수도 있는 분, 바로 그 하나님이 말씀하신다. 만일 그분이 가져가지 않으셨다면, 그분이 나를 호되게 치지 않으셨다면, 내가 그 주신 것과 거두어 가신 것을 어떻게 이해할 수 있으며, 어떻게 그것을 받아들일 수 있겠는가? 만일 이런 일이 없었다면, 그분은 그저 내 삶의 경건한 장식품에 지나지 않으며, 그분의 능력도 부유한 우리 집의 한 부분을 장식하는 근사한 우상에 불과할 것이다. 아무리 소중하다고 해도 결국 '장식품'이요 '일요일 코너'에 전시된 하나님인 셈이다. 물론 나는 평생 성실하게 살았을 것이다. 내 친구와 이웃을 사랑하고 열심히 일하면서 하나님과도 잘 지냈을 것이다. 그럼에도 그분이 내 삶의 진정한 주인이 되지는 않았을 것이다. 도무지 헤아릴 수 없는 모습으로 주시고 또 가져가시는 분, 그 뜻이 너무 높아서 인간이 감히 이해할 수 없는욥 42:3 진짜 하나님, 무서울 정도로 참된 주님이 되지는 않았을 것이다. 내가 모든 면에서, 어떤 경우에도 인정하고 순종하는 나의 주님은 결코 되지 않았을 것이다. 그렇다. 그저 하나의 주님으로, 내가 속으로는 다투고 버티고 싸울 수 있는 그런 주님으로 남았을 것이다.'욥 42:4

하나님이 욥에게서 가장 소중한 것, 가장 소중한 이들을 빼앗아 가셨건만 욥은 아직도 이런 생각을 하고 있다. 시험하는 자 사탄이 다시 와서 재물과 자식들만이 아니라 욥의 몸에까지 달려들어 그의 살과 뼈를 쳤다.욥 2:5 그의 생명의 눈동자를 건드리고 그를 쳐서 발바닥부터 정수리까지 악성 종기가 나게 했다.욥 2:7 그러나 욥은 여전히 경건한 생각을 굳게 붙잡고 있다(비록 그의 내면에서는 둔탁한 의심의 메아리가 울리기 시작했지만 말이다). 당분간은 그럴 수 있을 것이다.

욥은 모든 것이 다 타고 남은 잿더미 위에 앉아 문드러진 피부를 긁고 있지만, 그럼에도 어디선가 들려오는 목소리를 붙잡는다. '우리에게 선한 것을 베풀어 주신 분이 하나님이니 그분의 손에서 오는 것이라면 악한 것, 끔찍한 것도 받아들여야 한다.' 혹은 '좋은 것이든 나쁜 것이든 모든 것이 하나님의 손에서, 하나님의 마음에서 나온다는 것을 이렇게 우리에게 가르쳐 주고 있으니, 이 고통스런 운명조차 그분의 선하심이 아닐까?'

그러나 무의미의 민낯이 서서히 욥을 응시하기 시작한다. 그의 눈에 보이는 것은 잿더미, 극심한 종기, 비난을 퍼붓는 친구들, 격렬한 고통뿐이다. 그런데 그 뒤에 누군가 있다. 시험하는 자! 그가 모래시계를 들고 지켜보고 있다. 이런 고통 속에서 인간이 언제까지 버틸 수 있는지, 그 한계에 도달하는 시간을 재고 있다. 모래가 자꾸 흘러내린다. 처음에 욥은 하나님을 더 깊이 알고 더 성숙해지기를 바랐다. 이 고통을 통해 하나님이 무슨 말씀을 하시려는지 느낄 수 있다고 생각했다. 그러나 사탄은 여유롭게 미소를 짓는다. 그가 이길 수밖에 없다. 그에게는 너무도 확실한 아군이 둘이나 있다. 하나는 시간, 하나는 고통.

고통을 통해 성숙해진다는 것은 그 고통을 '교훈'으로 삼고자 한다는 뜻이다. 사탄은 그것을 잘 알고 있다. 모든 것을 잃은 욥도 그런 교훈을 떠올린다. 그 모든 것이 자신의 소유가 아니라 하나님의 소유이며, 그래서 하나님이 다시 가져가실 수도 있다고 생각한다. 하나님이 이처럼 고통스럽게 우리의 삶 속으로 찾아오실 때 비로소 그분이 삶과 죽음과 모든 재물의 주인이라는 사실이 명확하게 드러난다고 생각한다.

시험하는 자는 이런 경건한 감동을 비웃는다. "그래, 이 고통이 우리의 선량한 욥을 충분히 '교훈'할 수 있도록 기다려 주자. 어차피 오래가지는 못할 거야. 물론 불행 속에서도 경건한 지혜는 자라날 수 있지. 사람들은 그 지혜를 굵은 글씨로 찍어 낼 거야. 그러나 고통이 계속된다면? 그러면 지혜의 목소리 따위는 들리지 않아." 바로 이것이다. 고통이 계속된다면! 시험하는 자는 인간의 마음을 기막히게 꿰뚫어 본다. "욥은 자기가 이 고통을 통해 충분한 교훈을 얻는다면(예컨대 주시는 분도 하나님이고 가져가시는 분도 하나님이라는 사실, 그분이 진정한 주님이라는 사실을 충분히 깨닫는다면), 고통의 의미가 완전히 드러나면서 자연스럽게 고통도 끝날 것이라고 생각하지. 그러나 고통이 마냥 계속된다면 더 이상 배울 것도 없는 셈이고, 그러면 결국 아무런 '의미'도 손에 잡히지 않는 것이다."

사탄은 고통을 질질 끌면서 최후의 일격을 노린다. 인간이 의미 있는 고통으로 여길 수 있는 한계 너머까지 끌고 간다. 인간은 생각한다. '이제 배울 만큼 배웠어. 이제 고통은 끝날 거야.' 그런데 끝나지 않는다. 의미 없는 고통이 계속된다. 어둠의 군주가 거느린 신하들 중 가장 무서운 녀석이 시간이다. 시간은 우리를 서서히 지치게 만든다. 시간이 너무 길어서가 아니다. 너무 무의미하기 때문이다. 절대로 끝날 것 같지 않은 고통은 얼굴을 잔뜩 찌푸린 냉소적인 질문으로 변한다. "더 할 말 있나?" "네가 말하던 하나님은 어디 있는가?"시 42:3 "아직도 하나님이 너에게 이 고통을 주셨다고 생각하는가? 이런 고통이 도대체 무슨 의미가 있다는 건가? 이렇게 몇 개월, 몇 년이 그냥 지나갔는데, 모든 것이 협력해서 '선을 이룬다'고?"롬 8:28 "아직도 너의 신앙에 매달려 보겠다는 건가? 아직도? 도대체 언제까지?" "차라리 하나님을 저주하고 죽으라!"욥 2:9

어둠의 유혹자의 결정적인 무기가 바로 시간이다. 시간은 무의미의 설교자다. 그리고 무의미는 하나님에게 맞서는 가장 강력한 반론이다. 지금까지 우리가 한 말을 생각해 보자. 우리와 (온통 의미를 추구하며 말하는) 우리의 이성은 본성상 우리 자신을 하나님의 주인으로, 하나님의 심판관으로 만든다. 그런데 결국 우리는 시간의 힘 앞에서 아무런 의미도 찾지 못하게 된다. 모든 것 너머의 목적? 그런 것은 없다. 그러니 하나님을 저주하고 죽으라!

시험하는 자의 수법은 어수룩해 보여도 교활하기 짝이 없다. 그가 무슨 대단한 일을 벌이는 것은 아니다. 다만 인간이 예전부터 하나님에 대해 취해 왔던 태도를 적극 활용하고 그것을 극단까지 밀어붙인다. 인간의 가장 인간적인 모습을 집요하게 자극하는 것뿐이다. 인간은 본성상 하나님의 주인, 하나님의 심판관이 되려고 하기 때문이다. 하나님의 높은 뜻이라는 것도 인간이 생각하는 것, 인간이 의미 있다고 여기는 것과 일치해야 한다. 거기에 끼워 맞춰야 한다. 시험하는 자는 그저 우리가 욥에게서 보는 것 정도의 일만을 벌인다. 그는 시간의 도움을 받고, 무작정 지속되기만 하는 고통의 도움을 받아 인간이 그 고통을 더 이상 의미 있는 것, 성숙하게 해주는 것, 앞으로 나아가게 해주는 것으로 생각할 수 없는 지점까지 끌고 갈 뿐이다. 그리고 그 지점은 필연적으로—과연 악마적인 필연성이다!—하나님을 향한 신앙이 우스운 것이 되는 지점, 인간이 하나님과 절교를 선언하는 지점이 된다.

사탄은 욥을 바라보면서 이미 승리를 예감하고 있다. 이 세상의 다른 모든 사람을 볼 때도 마찬가지다. 전쟁이 오래 지속될 때도 마찬가지다(세계 대전이 시작될 때 교회는 얼마나 꽉 찼던가! 전쟁이 끝났을 때는 얼마나 텅 비었던가!) 그는 길고 잔인한 불치의 고통 속에서 승리를 내다본다. 도저히 이해할 수 없는 처절한 죽음의 자리에서, 슬픔에 빠진 유족들에게서 그 승리를 본다. 이 모든 것은 도저히 이해할 수 없는 운명의 장난처럼 보인다. 시험하는 자는 이 모든 것을 보면서 행복에 겨워 의기양양하게 모래시계를 쓰다듬는다. 그 안에는 그가 가두어 놓은 시간이 있다.

4. 인간, 처음부터 의심하는 존재

악마의 또 다른 무기는 고통이다. 이는 누구나 아는 사실이다. 고통은 우리의 이성이 흐려지지 않고 계속해서 생각을 할 수 있을 때, 그 고통으로 인해 우리가 '성찰하는 데' 도움이 될 때, 딱 그때까지만 교육적인 효과를 발휘한다. 육체의 고통이 어느 한계를 넘어서면 성찰 따위는 즉시 끝나 버린다. 그 한계 저편에서 우리는 고통으로 꽉 차 버린다. 우리는 발작을 일으키며 이를 악문다. 비명을 지른다. 잠깐 고통이 가라앉을 때조차 두려움과 공포에 질린 채 또다시 끔찍한 고통의 파도가 밀려올 것을 기다리고 있다.

전쟁 중 참호 속이든, 보통 때 정치적·사회적 주요 이슈의 영역이든, 일반 병원이나 정신병원이든, 인생에서 일어나는 모든 불행과 모든 투쟁은 우리를 자꾸만 한계 지점으로 고통스럽게 몰아간다. 거기서 우리는 고통으로 '꽉 차 있어서' 질문할 힘마저 희미해진다.

이와 같은 상황에서 어떻게 고통의 의미나 무의미를 따질 것이며, 고통을 통해 성숙해진다든지 한 차원 더 성장한다든지, 그런 고상한 생각을 할 수 있겠는가?

그렇다. 이것이 악마의 또 다른 명제다. 고통도 어느 정도가 있지, 그 정도를 넘으면 인간은 결코 성숙해지지 않는다. 고통은 원수의 화살통에 있는 또 하나의 화살이다. 극도의 고통, 의미 없는 고통이다. 불치의 병으로 끔찍한 고통을 겪고 있는 병자가 무슨 말을 할 수 있겠는가? 적군의 집중포화로 완전히 정신이 나가버려 욕도 못할 정도로 쇠약해진 군인이 무슨 말을 할 수 있겠는가? 고함이라도 지를 수 있겠는가?

안으로 파고드는 처절한 비명이 쌓이고 또 쌓여 비명의 무더기만 남게 될 때, 인간은 즉시 신을 버린다. 의미에 대한 믿음을 가지고 살던 사람도, 그 믿음 때문에 자신과 신을 연결 짓고 살던 사람도 마침내 자기의 신에게 파면을 선고한다.

이처럼 인간은 처음부터 의심하는 존재, 시험에 드는 존재다. 이것이 인간됨과 밀접한 연관이 있다. 인간은 떨어진(타락한) 존재, 떨어져 나온 존재이기 때문이다. 그는 더 이상 하나님의 친구가 아니기 때문이다. 그가 비록 천 번 만 번 침묵을 지키고 있다 하더라도, 욥과 같은 열정으로 하나님의 이름을 부른다 하더라도 마찬가지다. 하나님의 동산을 지키는 천사의 화염검이 번쩍이는 것을 못 보게 만드는 안개에 둘러싸인 사람이든, 거룩한 종교의 향기에 둘러싸인 사람이든 마찬가지다.

인간은 첫 출발부터 의심하는 존재다. 인간 개개인은 태어날 때부터 의심한다. 그는 언제나 욥이다. 하나님 앞에서 믿음이 다 으스러져 버린 바로 그 욥이다. 하나님이 그가 믿었던 것과는 너무나 다른 분이기 때문이다. 사실 그의 믿음이란 하나님의 '정의'에 대한 합리적인 기대라고 할 수 있다. 경건한 사람은 잘되고 악한 사람은 안되는 일종의 도덕적인 세계 질서에 대한 기대, 그 이상도 그 이하도 아니다. 의로우신 하나님이 이 세계의 역사를 주관하고 계시기 때문에 '세계의 역사는 온 세계에 대한 심판'이라는 믿음을 가지고 있었다.

그런데 보라, 하나님은 의롭지가 않다. 시험에 든 신앙, 시험대에 오른 신앙의 입장에서 볼 때, 하나님은 의롭고 공평한 것과는 전혀 거리가 멀다. 그렇다. 하나님은 '불공평'하다. 경건한 욥은 모든 것을 빼앗기고 잿더미 위에 앉아 종기나 긁고 있다. 사악하고 교활하고 사기나 치고 제 욕심만 차리는 자들은 오히려 잘나간다. 하나님의 태양은 악인과 선인에게 똑같이 비친다고 하니,[마 5:45] 이 얼마나 고통스러운 '불공평'인가!

그렇다. 하나님은 인간의 이런 믿음과는 다르다. 이 믿음은 사실 의미에 대한 믿음(예컨대 고통의 의미에 대한 믿음)이다. 그런데 하나님은 느닷없이 무의미가 된다.[시 147:5; 롬 11:33] 인간은 그분의 길을 이해하지 못한다. 그래서 묻는다. 도대체 그 길에 그분이 계시는가? 아니, 하나님은 정말 존재하는가?

이 믿음은 최고의 지혜에 대한 믿음이다. 그런데 보라, 하나님은 어리석음이다.[고전 1:18, 21]

이 믿음은 하나님의 영광과 존귀하심을 믿는 믿음이다. 그런데 보라, 하나님은 수치와 모욕을 당하고 침 뱉음을 당하고 나무에 달려 죽는 모습으로 우리에게 다가오신다.

이 믿음은 기적에 대한 믿음이다.[고전 1:22] 그런데 보라, 하나님은 침묵하며,[마 12:39] 십자가에서 내려오지 않으신다.[마 27:40]

이 믿음은 이 세상의 위대함, 그리고 이 세상 너머의 위대함을 믿는 믿음이다.[고전 1:22 이하] 그런데 보라, 하나님은 작고 그래서 걸림돌이 된다.[사 8:14]

이 믿음은 앞다투어 달려 나가 하나님의 옷을 차지하려 한다. 그런데 보라, 하나님은 조용히, 아무도 눈치채지 못하게 세상의 뒷문으로 오셔서 베들레헴 외양간에 누우신다.

이 믿음은 낮에 대한 믿음이다. 그런데 보라, 하나님은 밤에 오신다. 똑똑하고 지혜로운 자들에게는 감추어진다.[마 11:25] 그러나 성탄 밤의 목자들, 그 '어리석은 자들',[눅 2:7 이하] 그리고 귀신들[마 8:29]과 어린이들[마 21:16]이 그분을 알아본다.

이 믿음은 가만히 그 속을 들여다보면 언제나 인간 자신에 대한 믿음이다. 그런데 보라, 하나님은 하나님이지 인간이 아니다.

그러므로 인간은, 우리 모두는 처음부터 의심하는 존재요 시험에 흔들리는 존재다. 우리는, 하나님이 먼저 우리를 치시고 그 후에 일으키신다는 것을 알고 있다. 자기 숭배의 신전에 머물러 있는 우리를 채찍으로 몰아내고 교만의 바벨탑을 무너뜨리신 다음에 우리의 아버지가 되신다. 우리를 불확실성과 불안의 바다에 빠뜨리신 다음에 우리의 평화가 되신다.

우리는 이런 하나님과 엮이고 싶지 않다. 우리는 좀 더 쉬운 평화를 원한다. 그래서 새벽 날개를 치며 바다 끝까지 도망간다.[시 139:9] 거기서 우리 자신도 잊고, 우리에게 질문하시고 우리를 찾으시는 하나님의 흔적도 다 지워 버리려고 한다. 망각의 도취

상태로 도피한다. 때로는 우리의 일, 우리의 사업이 도피를 돕는다. 때로는 군중 속으로 숨는 것이, 술이, 섹스가 도피의 수단이 된다. 수많은 사람들이 모인 경기장이나 공연장에 팡파르가 울려 퍼지면 우리는 열광의 도가니 속에서 종교적인 분위기를 느끼기도 한다. 그런 대규모 집회도 도피의 일환이다. "아하, 너도 우리 편이로구나!"

우리는 처음부터 의심하는 존재다. 우리가 우리 자신을 믿는 만큼, 딱 그만큼 하나님을 의심한다. 우리는 아무런 거리낌 없이 우리 자신을 믿는다. 예컨대 우리의 불멸을 믿는다. 무슨 뜻인가? 우리가 영원할 것이라 믿는다. 인간 존재가 영원히 지속될 것이라 믿는다. 그래서 우리는 웃으면서 금단의 열매를 베어 먹는다. "감히 누가 우리가 하려는 일을 금지한단 말인가? 감히 누가 우리에게 '여기까지야, 더는 안 돼'라고 말할 수 있는가? 하나님? 하하, 우리는 그분과 똑같은 종족이야. 이 땅도 낙원도 우리 것이지."

우리는 우리 자신이 하나님과 동등한 지위에 있다고 믿는다.[창 3:5] 그래서 우리는 의심의 대장인 사탄과 어울리며 이렇게 말한다. "하나님이 정말 그렇게 말씀하셨는가?" 그러면서 하나님을 의심한다.

의심의 시간은 우리 자신을 믿는 시간이다. 우리에 대한 의심은 내려놓고, 딱 그만큼 하나님을 의심하는 시간이다. 이것이 우리의 시간이고 어둠의 권세다.[눅 22:53] 이것이 성경이 가르치는 인간과 하나님의 단절이다.

5. 하나님에게서 벗어나려는 욕망

우리는 이러한 성경적 관점에서 예수의 시험 이야기를 살펴보아야 한다.

앞에서 우리는 인간이 처음부터 시험에 빠지고 흔들리는 원인을 이해하게 되었다. 인간이 자기 자신을 믿기 때문이다. 그리고 우리는 인간이 시험에 든다는 말이 궁극적으로 무엇을 의미하는지도 알게 되었다. 그것은 언제라도 하나님을 배신하고 스스로를 하나님으로 만들 준비가 되어 있다는 뜻이다. 하나님으로부터 자유로워지기를 끊임없이 원한다는 뜻이다.

하나님에게서 벗어나려는 욕망은 인간의 가장 깊은 갈망이다. 그 갈망은 하나님을 향한 갈망보다 더 크다. 그렇다. 심지어는 하나님을 향한 갈망 속에도, 경건한 신앙생활 속에도, 조심스레 입에 올리는 하나님의 말씀 속에도, 하여튼 이 모든 것 속에 하나님에 대한 냉정한 거부, 하나님에게서 벗어나려는 욕망이 깃들어 있다고 말할 수 있다. 광야에 나타난 악마의 입에서도 하나님의 말씀이 술술 쏟아져 나왔다. 예언자들이 우상, 물신, '자연'이라는 신, '운명'이라는 신을 맹렬히 공격하며 목소리를 높인 것은 그것들이 모두 편리한 신들이기 때문이다. 그것들은 안정과 안전의 신들이다. 눈으로 볼 수 있는, 그래서 믿을 필요가 없는 신들이다. 인간이 원하는 것이 있으면 "그래, 맞아!"라고 해 주는 신들이다. 언제나 고개를 끄덕여 주는 신들, 뭐든지 "좋다!"고 말해 주는 신들, 특별한 부담이 없는 편안한 종교적인 뜨거움과 쾌적한 초월의 감동을 일으키는 신들이다. 그런 신을 믿는 사람들은 이렇게 외친다. "에베소 사람의 아르테미스 여신은 위대하다!"행 19:34 "모든 신들이여, 만세!" "자, 황금 송아지 앞에 모여 함께 춤추자!"출 32:1 이하 "바알이여, 우리의 소리를 들으소서!"왕상 18:26 "운명이여, 우리에게 오라!"

인간은 하나님에게서 벗어나 자신의 '깊고 깊은 영원'을 추구하려고 한다. 인간에게는 이보다 더 큰 동경은 없다. 바로 이것이 성경 안의 사람들이 지적하는 섬뜩한 동일성이다. 그들은 이것을 알고 있었으며, 그들 중 일부는 그 때문에 순교를 당했다. 그 동일성은 "그를 십자가에 못 박으라, 못 박으라!"막 15:13는 외침에서 다시 한번 울려 퍼진다. 그 외침은 영원히 같은 바탕 위에서 순간적으로 격렬하게 솟아오른 파도일 뿐이다.

이 세상은 하나님과 그분의 원수 사이에 있다. 그런데 언제라도 원수 편으로 뛰어들 태세다. 이것이야말로 이 세상의 비밀이다. 이것이 시험의 시간이다. 이것이 땅의 시간이요 이 세대의 시간이다. 그래서 하나님은 이 세상으로 인해 죽으실 수밖에 없었다. 그래서 십자가는 영원과 시간 사이의 경계선을 의미한다. 하나님과 세상은 그 '십자 교차로에서' 맞닥뜨린다. 이것이 진리다. 다른 신들의 형상과 화상은 모두 거짓이다.

그런데 하나님은 우리를 위해 싸우신다. 절대로 이해할 수 없는 일이지만 사실이 그러하다. 하나님은 우리를 사랑하신다. 우리는 혈육에 불과하다.마 16:17; 고전 15:50 우리는 결코 그분을 이길 수 없다. 그러나 그분은 우리를 위해 싸우신다. 그 이마가 땀방울과 핏방울로 흥건해질 정도로 치열하게 싸우신다.눅 22:44

물론 우리가 이 싸움을 전혀 엉뚱하게 이해할 소지도 있다. 성경에서 이야기하는 싸움은 우리 영혼을 위한 하나님의 싸움이건만, 우리는 이 싸움의 주체가 우리라고 생각하는 것이다. 우리가 저 파우스트처럼[2] 하나님을 위해 싸우는 자, 하나님을 찾는 자[렘 17:5]라고 착각하는 것이다. 그러나 만일 하나님이 이미 우리를 찾아내지 않으셨다면, 우리는 결코 하나님을 찾지 않았을 것이다. 하나님이 먼저 우리를 사랑하지 않으셨다면, 우리는 그분을 사랑할 수 없었을 것이다.[요일 4:10, 19]

그렇다. 우리는 이 싸움의 영웅이 아니다. 우리는 영웅이나 군사라기보다는 차라리 싸움터라고 할 수 있다. 우리를 차지하려는 싸움이 치열하다. 우리가 도피하는 존재이기 때문이다. 우리는 시험의 시간 속에 살고 있다. 오직 한 분의 주인만 모실 수 있는 하나의 세상에서 살고 있다.[요 12:31; 고후 4:4] 우리는 '언제든 뛰어나가려는 자세'로 살고 있다.

예수께서는 낮은 곳에 있는 우리에게 오셨다. 위로부터 돋는 해가 이 낮은 곳의 우리를 찾아오셨다.[눅 1:78] 이곳의 괴로움, 이곳의 운명을 그분이 우리와 함께 겪어 내셨다. 여기 광야에서!

지금까지 우리는 이 사건의 배경을 그려 보았다. 이제 복음서 저자가 보여주는 두 형체에 주목하려고 한다. 무대 중앙에 서 있는 예수와 악마다.

예수 그리스도께서 우리에게 오신 것은 시험을 겪어 내기 위함이다. 하나님과 함께 우리의 운명을 겪어 내심으로 우리의 형제가 되기 위함이다. 우리는 광야에 계신 그분에게로 가서, 그분이 우리의 형제가 되기 위해 어떤 고초를 겪고 어떤 싸움을 치러야 하셨는지 보려고 한다. 거기서 우리는 우리가 누구인지, 그리고 우리가 이 세상과 어떻게 얽혀 있는지 배우게 될 것이다. 성경은 언제나 우리를 앞서간다. 우리 자신이 얼마나 타락했는지 명확하게 알 수 있는 방법이 하나 있으니, 그것은 하나님이 우리를 돕기 위해 어떤 일을 감행하셨는지를 아는 것이다. 신학자들은 그것을 이렇게 표현한다. "결국 율법이 아니라 복음을 통해 모든 것이 분명해진다."

그 말은 여기서도 그대로 적용된다. 예수께서 가장 낮은 곳에서 우리의 삶을 철저하게 경험하셨다는 사실, 우리와 똑같이 시험을 당하셨다는 사실[히 4:15]을 통해 비로소 우리 인간이 어떤 존재인지, 내가 어떤 존재인지가 명확하게 드러난다. 그분이 우리 대신, 우리를 위해 겪어 내신 일의 위대함을 바라봄으로써, 거꾸로 우리가 어떤 존재인지를 알 수 있는 것이다.

광야는 우리의 세계다. 악마는 우리의 악마다. 사십 일 낮과 사십 일 밤은 우리의 시간이다. 그리고 예수, 그가 바로 우리다. 거기서 그분이 우리를 대신하기 때문이다. 그렇다면 우리는 누구인가? 오 하나님, 우리는 누구입니까?

6. 성령에 이끌려 광야로

예수께서 성령에 이끌려 광야로 가셨다. 거기서 밤낮 사십 일을 금식하시며 고독에 잠기셨다.

마태복음 4:1-2(저자 사역)

모세 이야기에서도 이와 유사한 것을 듣는다. 모세도 밤낮 사십 일을 하나님과 함께 있으면서 먹지도 마시지도 않았다.[출 34:28] 거기서 하나님은 계약의 돌판에 계명을 기록하셨다. 하나님은 완전한 고독 속에서 마치 친구에게 그러듯이 모세와 얼굴을 마주하고 이야기하셨다.[출 33:11] 이 고독 속에서 하나님이 무슨 일을 일으키신다. 이것은 하나님이 가까이 계신 시간이다.

하나님의 사람 엘리야도 시험으로 흔들리며 좌절과 공허함에 시달릴 때, 하나님이 그의 힘을 북돋워 주셨고 그분이 신비로운 방식으로 제공하신 음식에 힘입어 밤낮 사십 일을 걸어 하나님의 산에 이르렀다. 주님은 피곤한 영혼, 상처투성이 영혼, 시험으로 온통 흔들리는 영혼에게 찾아오신다. 그런데 그분은—우리의 기대와는 달리—거친 폭풍우나 갑자기 터져 나오는 자연의 위력적인 모습으로 나타나지 않으신다. 놀랍게도 그분은 고요하고 부드럽게 불어오는 산들바람의 얼굴로 다가오신다.[왕상 19:12] 예언자가 기대했던 것과는 너무 다른, 완전히 다른 모습이다.

광야의 시험 이야기를 다루기에 앞서 성경의 수많은 인물들 가운데 하필 두 사람을 언급한 것은 나름 의도가 있었다. 이제 예수께서도 그들과 마찬가지로 밤낮 사십 일의 고요 속으로 들어가신다. 엄청난 만남이 그분을 기다리고 있다. 그러나 그분이 하나님을 마주하기 전, 천사가 다가와 그분을 보살피기 전, 하늘의 기쁨이 그분 머리 위에서 빛을 발하기 전, 그분은 먼저 '낯선 존재'와 만나 대결해야 한다.

누구도 그 '낯선 존재'를 이렇게 만난 적은 없었다. 그를 이토록 두렵게 가까이서, 이렇게 떨쳐 낼 수 없는 생생함으로 만난 이는 예수밖에 없었다. 모세도 아니었고 엘리야도 아니었다. 누구도 그럴 수 없었다. 그러나 그자는 우리 모두의 배후에 있다. 그는 우리가 사는 이 세상의 은밀한 통치자다. 그렇기 때문에 우

리는 광야에 계신 예수 곁에 서서 가만히 깨닫게 된다. '이것은 우리 자신의 문제다!'

시험하는 자가 광야에서 고독 속에 계신 주님을 찾아왔다는 사실은 아주 의미심장하다. 이 고독은 상상할 수 없는 고독이다. 사람만 없는 고독이 아니다. 물론 그곳에는 배우자, 부모, 친구, 낯선 사람, 그 누구도 없다. 사물도 없다. 뽀얀 연기를 내며 지나가는 전차도 없고, 가던 길을 멈추게 만드는 경치도 없다. 이리저리 기웃거리며 만져 볼 만한 것도 없다. 해야 할 일도 없고 재미있는 오락거리도 없다. 먹을 것과 마실 것도 없다. 그야말로 아무것도 없다. 오로지 모래와 광야만이 그분을 둘러싸고 있다.

주의를 산만하게 할 만한 것이 아예 없는 곳, 유혹에 빠지거나 매료시킬 만한 것이 전혀 없는 곳, 하필 거기서 그분이 시험을 당한다는 말인가? 악마는 좀 더 나은 순간을 포착하지 못한 것일까? 무리가 그분을 왕으로 삼으려고 할 때가 있었는데,[요 6:15] 그 절호의 순간을 왜 택하지 않았을까? 혹은 그분이 십자가에서 내려올 법한 때도 있었는데, 그때도 괜찮지 않았을까?[막 15:32] 혹은 그분이 빌라도 앞에 섰을 때, 그리고 극단적 곤경의 상황에서 열두 군단의 천사를 급히 소집할 수도 있다는 사실을 알고 계셨을 때,[마 26:53] 그때라면 어땠을까? 그런 때가 시험하기에는 더 좋은 때가 아닐까? 더 많은 자극이 있고, 뭔가 터질 것만 같은 격앙된 분위기가 조성되어 있고, 드라마틱한 전망도 있으니 그야말로 환상적인 기회가 아니었을까? 그런데 악마는 하필 광야로 찾아온다. 모든 고독 중에서 가장 깊은 고독 속으로 들어온다. 이 고독의 시간은—나중에 이어지는 시간들과는 달리—인생의 정점이 아닌 시간, 위험천만한 꼭대기가 아닌 시간이다.

우리는 이 고독을 오래 숙고해야 한다. 시험의 비밀이 여기서 드러난다. 이 고독은 성경 저자가 만들어 낸 이미지가 아니다. 극적인 효과를 높이기 위해 추가된 장치가 아니다. "예수께서 성령에 이끌려 광야로 가셨다." 우리는 이 고독이 무엇을 의미하는지를 깊이 생각해 봐야 한다. 하나님의 영이 어떻게 '아무 의미 없이' 무슨 일을 하실 수 있겠는가?

7. 바벨론의 마음

시험에 들 때 우리 안에는 무슨 일이 일어나는가? 가장 단순하고 평범한 시험의 사례를 살펴보는 것이 좋을 것이다. 예를 들어, 거짓말이나 도둑질을 하게 되는 시험, 허영을 부리거나 잘난 체하게 되는 시험, 아니면 몰래 바람을 피우게 되는 시험을 생각해 보자. 맨 처음에는 언제나 그렇듯이—그렇게 보이는 것이지만—어떤 계기가 있다. 그것이 우리를 자극하고 유혹하고 '시험'한다. 옛사람의 지혜가 담긴 말이 있으니, "계기가 도둑을 만든다!"는 격언이 바로 그것이다. 간단명료하다. 성경도 아담과 하와가 시험에 빠지는 이야기를 통해 그 점을 생생하게 그려 낸다. 두 사람이 그 죄를 짓는 데는 너무나 확실한 계기가 있었다. 하필 동산 중앙에 나무 한 그루가 서 있는데 그 나무의 열매는 절대로 먹어선 안 된다.[창 2:17; 3:3] 위험하면서도 신비로운 매력이 나무를 감싸고 있다. 그 나무의 비밀은 인간 안에 있는 영원한 충동을 자극하는 유혹의 소리다. 비밀이란 비밀은 전부 밝혀내지 않고서는 견딜 수 없는 인간의 충동을 끊임

없이 자극하는 목소리다. 학문과 기술을 발전시킨 인간의 호기심을 자극하는 목소리다. 땅을 정복하고[창 1:26] 땅의 가장 깊은 곳까지 파고 들어가 가장 높은 존재의 비밀까지 들쑤셔서 기어이 '밝혀내려고' 애쓰는 그 호기심을 자극하는 유혹의 목소리다.

그럼에도 결국 인류의 타락에 '책임을 져야' 하는 것은 신비로운 유혹의 힘을 지닌 사과가 아니다. 아담과 하와 외에 누가 책임을 질 수 있겠는가? 낙원에서 인간이 타락하는 순간에 진짜 문제는 사과가 아니라 인간이었다. 스스로 신처럼 되려는 인간의 탐욕이 문제였다. 하나님의 순전한 모상이자 하나님과 같은 '형상'이 되는 것으로 만족하지 못하고 하나님과 동등한 '지위'를 차지하려는 과도한 욕심이 재앙을 가져왔다.

그러므로 위험한 것은 뱀도 아니고 사과도 아니다. 밖에서 오는 것은 인간에게 그다지 위험하지 않다. 오직 인간 자신이 스스로에게 위험스러워진 것이다. 그의 프로메테우스적인 심장, 이미 터져 버린 심장, 그것이 폭발 장치였다. '밖에서' 오는 것은 인간을 더럽히지 못한다. 그것은 인간을 건드리지 못한다. 기껏해야 탄젠트 접선처럼 맞닿아 있을 뿐, 그것이 인간에게 속한 것이라고는 할 수 없다.[마 15:11 이하] 인간의 마음에서 흘러나오는 것이 바로 인간이다. 인간은 그 마음 때문에—자기 자신 때문에!—죽을 수도 있고 무자비한 자가 될 수도 있다. "마음에서 악한 생각들이 나온다. 곧 살인과 간음과 음행과 도둑질과 거짓 증언과 비방이다."[마 15:19]

사과와 뱀의 역할은 미미한 것에 불과하다. 사과는 욕심으로 가득한 마음, 멈출 줄 모르는 마음을 향해 미소를 지으면서, 화사한 빛깔로 아침 바람에 살살 흔들릴 뿐이다. 호시탐탐 기회만 엿

보고 있던 마음으로서는 최후의 결정적 자극이었던 것이다. 그리고 뱀은 인간의 마음에 약간의 독을 떨어뜨려 미세한 화학 반응이 일어나게 할 뿐이다. 그때 마음속에 담겨 있던 풍경이 고스란히 드러나 보인다. 그전에 이미 '거기' 찍혀 있던 사진이 필름에 현상되는 것처럼 말이다.

여기서 우리는 시험의 비밀을 깨닫게 된다. 시험하는 자는 다른 곳이 아니라 마음의 왕좌에 앉아서 우리를 자극하여 훔치고 죽이게 한다.[막 7:21-23] 사람을 도둑으로 만드는 계기, 곧 바깥에서 다가오는 모든 것은 악마의 권력 유지를 위한 지원 부대, 대규모 군사 훈련에 불과하다. 그것이 권력 자체는 아니다.

우리 자신이 시험에 들었을 때를 보면 얼마든지 알 수 있다. 커리어를 위해서 소신을 저버릴 때, 사실대로 말해야 하는 자리에서 거짓말을 하거나 눈치를 보며 입을 다물 때, 나보다 뛰어난 사람을 없애 버리고 싶은 마음이 들 때, 여자를 보고 음욕이 생길 때, 이러한 모든 마음이 생겨나서 곧바로 끔찍한 행동이나 범죄나 비열한 행위로 이어지려고 할 때, 어쩌면 우리는 그 충동에도 불구하고(그렇다, 불구하고!) 그것을 억제하며 시험을 다스릴 수도 있을 것이다. 막 실행에 옮기려던 행동을, 그 사악한 행동을 내려놓는 것이다. 그렇게 자기를 길들여서, 전통적으로 교회가 '선한 업적'(선행)이라고 부르는 일을 행할 수도 있다. 그런 일이 일어나면 언제나 하나의 작품, 곧 인간의 '업적'이 부각되는데, 그러면 사람들은 그 아래에 존재하는 치열한 싸움, 영적 시험, 끔찍한 낭떠러지를—사실 그 위에 매달려 있는 '업적'은 언제든지 그 아래로 추락할 수도 있는데도—보지 않게 된다.

하지만 누가 이런 업적을 자랑할 수 있는가? 하나님의 율법

앞에, 다시 말해 하나님의 시선 앞에 서 있는 사람이라면, 그 업적이란 것도 사실은 그 안에 까마득한 낭떠러지와 같은 것이 잠재되어 있다는 것을 결코 잊을 수 없다. 뭔가를 시작하려는 들뜬 상태, 당장이라도 뛰어내릴 듯한 열망이 숨어 있다는 것을 인정할 수밖에 없다. 그 열망은 언제라도 섬뜩하게 머리를 치켜든다. 형제를 미워하는 사람은 이미 살인자다.마 5:21 이하 여자를 보고 음욕을 품으면 이미 간음한 것이다.마 5:27 이하 '예' 할 것은 '예' 하고 '아니요' 할 것은 '아니요' 하라. 그 이상의 말을 하면 이미 맹세를 해버린 것이다.마 5:33 이하 시험의 비밀은 우리 자신, 우리 마음의 생각에 있다. 시험의 비밀은 우리가 '시험에 드는' 존재라는 사실이다.

8. 바벨론으로부터의 도덕적 탈출

이것은 이른바 '선한 업적'이 우리에게 전혀 도움이 되지 않는 이유이기도 하다. 때로는 우리가 선행의 도움으로 시험을 극복한 일도 없지 않을 것이다. 예를 들어, 어떤 간질 환자가 자꾸만 발작을 일으키고 정신적으로 온전치 못해서 미워하거나 애써 무시할 수도 있지만, 그 가련한 사람을 돕는 일을 할 수 있다. 구걸하는 사람을 그냥 지나치려다가 마지막 순간에 가까스로 정신을 차리는 경우도 있다. 거지의 옷을 입은 이 사람이 그리스도일 수 있으며, 그 가난한 삶을 통해서 그리스도의 고통스러운 십자가가 나타나고 있다는 사실을 떠올릴지 모른다. 어쩌면 우리는 그를 도와주고 그에게 손을 대고

서 축복의 말을 해줄 수도 있다.

하지만 그렇다고 해서 인간이 시험에 드는 존재라는 사실 자체가 극복된 것일까? 우리가 누군가를 죽이려 하거나 기만하려 하거나 안락사를 선택하려고 할 때, 그런 시험의 순간에 우리 마음속에서 깊고 어두운 모습을 드러내는 낭떠러지가 과연 선행으로 메워질 수 있는 것일까? 그렇다고 생각하는 사람에게는 화禍가 있으리라! '선행'으로 시험을 없애 버리고 의로워질 수 있다는 생각은 교만하고 기만적인 환상일 뿐이다. 인간의 마음을 아시는 그분 앞에서 우리는 아무것도 자랑할 수 없다. 우리의 마음은 아무리 파도처럼 솟구쳤다가 내리친다 하더라도 그분을 벗어날 수 없다.고전 1:29; 고후 9:4; 엡 2:9 그분 앞에서 스스로 의롭다고 생각하는 사람에게 우리는 이렇게 말할 수 있다. "당신의 선행은 정말 선한 것이다. 눈부실 정도로 선하다. 그러나 그것은 다른 어떤 것보다도 당신의 속마음을 잘 가려 주는 위장 수단일 뿐이다." 그는 자기 자신과 다른 사람들 앞에서—그리고 하나님 앞에서—자신의 사악한 마음을 선한 행위로 감추고 있다. 그의 내면 깊은 곳은 망자의 뼈와 온갖 더러운 것으로 가득하다. 그는 위선과 악덕으로 가득한 자다.마 23:27-28

이것이 행위로 의로워지려는 사람에게 따라붙는 저주다. 그는 바리새인의 위대한 용기로 시험을 극복해 내고 있지만, 그럼에도 여전히 시험에 든 사람이다. 그의 내면에는 낭떠러지가 쫙 벌어져 있으며, 그를 단단히 묶고 있는 쇠사슬은 무섭게 쩔그렁 소리를 내고, 그의 상처에서는 피가 철철 흐른다. 누구도 자신의 그림자를 뛰어넘지 못한다.

여기서 시험의 비밀이 다시 분명하게 드러난다. 시험은 밖에

서 오지 않는다. 시험은 사과와 뱀과 '계기' 때문에 우리 안에 들어오는 것이 아니다. 성전 건물에 횃불을 휙 던져 넣듯이, 그렇게 우리 안으로 내던져지는 것이 아니다. 우리 스스로가 시험의 원인이다. 어떤 계기가 있기 전부터 우리는 이미, 언제나 그런 존재로 살아간다.

9. 마음의 신기루

사정이 이렇다 보니, 우리가 할 수 있는 것은 시험에서 벗어나는 것이 아니라 시험에 들지 않게 해달라고 하나님께 기도하는 것뿐이다. '선행' 속으로 숨어 버리는 방식으로는 시험에서 빠져나가는 것이 불가능하다. "율법의 행위"롬 3:20, 28; 갈 2:16로 하나님 앞에서 의롭게 되고 하나님과 화목을 이룰 수는 없다. 그것은 우리가 어디로 가든, 얼마나 멀리 가든 언제나 우리 자신을 끌고 다니기 때문이다. 우리는 처음부터 시험에 드는 존재이며, 언제라도 뛰쳐나가려는 존재다. 우리는 무방비 상태의 경계선과 같다.

그러므로 우리가 어떤 특정한 계기를 피한다고 해서, 예컨대 죄악으로 가득 찬 화려한 세상을 피한다고 해서 시험에서 벗어날 수 있는 것은 아니다. 시험에 드는 세상은 저기 바깥에 있고 내 안에는 없다는 생각은 너무나 어리석다. 진정한 문제는 우리 자신이며, 우리 마음속의 바벨론이다.

바벨론 제국이 제아무리 거대하다고 해도

정말로 우리의 바벨론적인 마음만큼 그렇게 크고 한이 없다면
그것은 한갓 농담이리라.[3]

온갖 시험으로 가득한 이 세상의 소란스러움이 우리 안에는 없다고 생각한다면 그것이야말로 어리석은 생각이다. 세속과 완전히 차단된 오지의 수도원, 절벽을 뚫고 만든 수도원이라면 시험을 피해 도망갈 수 있을 것이라는 생각도 마찬가지다.

그렇다. 우리가 시험을 모면하기 위해 도피할 수 있는 고독, 그런 광야는 없다. 우리가 있는 곳이 곧 세상이다. 우리 마음이 이 세상의 축소판이다. 그래서 욕심, 시험, 유혹, 꼬임이 언제나 우리를 따라다닌다.[갈 5:17; 약 1:14]

이 점을 확실하게 알아 둘 필요가 있다. 그래야만 모든 시험 이야기의 주제가 바로 당신과 나라는 사실을 깨닫게 된다. '저 바깥'에 있는 사악한 세상이나 "악인들"[잠 1:10]이나 뱀이나 사과가 아니다. 시험 이야기는 당신과 나의 이야기다. 우리 육체의 욕망은 성령을 거스른다.[갈 5:17] 우리의 "오른 눈"이 우리를 넘어뜨리고, 우리의 손이 우리를 유혹한다.[마 5:29-30]

예수께서 외딴곳에 홀로 계셨다는 사실, 시험을 당하기 위해서는 광야로 가셔야 했다는 사실의 위대한 의미가 이로써 분명해졌다. 이것이 우리가 말하려는 것이다.

하나님의 아들과 악마는 광야에서, 극한의 고독 속에서 대치하고 있다. 시험을 어떤 외적인 것, 우연한 것, 세상적인 것, 우리를 살짝 마비시키는 하찮은 것쯤으로 생각하는 버릇, 그런 오해는 완전히 버려야 한다. 어디를 봐도 오로지 모래와 영원한 적막뿐이다. 여기에는 사람의 아들을 유혹하고 현혹시킬 만한 것이

전혀 없다. 여기서는 그런 식의 오해가 불가능하다.

10. 고독의 끔찍함

여기 시험을 당하고 계신 분 안에는 '우리와 똑같은' 인간이 있다.히 4:15 굶주린 인간, 배고픔의 고통을 달래 줄 산더미 같은 빵을 바라보는 인간이 있다(하지만 이 광야에 그런 유혹이 될 만한 빵이 어디 있겠는가?). 그분 안에는 성전 꼭대기를 바라보며 자신의 야망이 활짝 펼쳐지는 환상에 빠진 인간이 있다(하지만 이 광야에 인간의 마음을 그토록 사로잡을 만한 성전이 어디 있겠는가? 그럴 수 없다. 우리 안에 도사리고 있는 야망, 마음의 생각이 마술처럼 그 이미지를 만들어 낸 것이다. 시험의 진행 방향은 언제나 안에서 바깥이다. 그 반대가 아니다. 성전은 하나의 투영일 뿐이다). 그분 안에는 이 세상의 지배자, 이 세상의 신이 되기를 갈망하는 인간, 바로 그 갈망 때문에 굶주리고 목마른 인간이 있다. 보라! 그분은 이미 높은 산에 올라 영광의 땅을 내려다보고 있다. 그리고 이런 목소리가 들려온다. '이 모든 것을 네가 가질 수 있는 길이 있는데, 그것은……'(하지만 도대체 이 광야 어디에 세상을 내려다볼 만큼 높은 산이 있겠는가? 사방이 황량한 광야인데 영광의 땅을 어디서 본다는 말인가? 그럴 수 없다. 우리 안에 도사린 굶주림, 당장이라도 달려들 듯 웅크리고 있는 맹수와 같은 굶주림, 무한한 나라와 무제한의 권력과 매혹적인 영광에 대한 굶주림, 그 은밀한 마음의 비밀, 아직 완전하게 구상된 것은 아니라서 착상의 순간을 둥둥 떠다니기만 하는 마음의 생각이 이런 엄청난 가능성의 이미지를 그리고 있다. 마음이 빚어낸

기가 막힌 신기루다).

그렇다. 그분 안에 있는 인간이 지금 꿈틀거리고 있다. 시험을 당하고 있다. 그분 안에 있는 인간이 욕망으로 흔들린다. 욕망을 일으킬 만한 것이 전혀 없는 환경인데도 말이다. 그러므로 여기서는 오해가 용납되지 않는다. 시험이 어디서 시작되는지가 분명하기 때문이다. 시험은 밖이 아니라 안에 도사리고 있다. 시험은 자기 속을 훤히 내보이며 우리 앞쪽으로 오지 않는다. 슬며시 뒤쪽으로 다가와 우리의 등 뒤에 선다. 악마가 하나님과 우리 사이에 있는 것이 아니다. (그 사악한 자가 우리를 '소유'할 때) 우리 자신이 하나님과 우리 사이에 있다. 여기서는 그리스도 안에 있는 인간이 그 자신과 하나님 사이에 서 있는 것이다.

이것은 우리 자신도 너무나 잘 아는 사실 아닐까? 부자 청년도 알고 있던 것 아닐까?막 10:17 이하 하나님과 그 청년 사이를 막고 서 있는 것은 재물이 아니었다. 결국은 그 자신이었다. 재물의 소유가 된 그가 거기 서 있었다. 가지지 않은 것처럼 가질 수는 없던 사람,고전 7:29-30 그래서 가진 것을 모두 팔라는 말을 들었을 때 소스라쳐 놀란 사람이 거기 서 있었다. 그의 재산 자체가 아니라 그가 재산에 팔려 버린 상태라는 사실이 문제였다.마 6:24 그러므로 하나님과 우리 사이를 갈라놓는 벽은 맘몬이 아니다. 거짓 주인들에게 붙잡힌 우리 자신이야말로 화염이 치솟아 오르는 접경이다. 우리는 자기 자신을 팔아넘긴 노예, 스스로 황제가 되고 왕이 되고 신이 되고, 혹은 동화 속의 주인공이 되려는 충동에 예속된 노예일 뿐이다(온화하게 미소 짓는 꼬마는 그것을 유머라고 부른다).[4]

우리를 하나님에게서 갈라놓는 것은 바벨탑이 아니다. 그것은 비유일 뿐이다. 하나님과 갈라서려는 우리의 의지를 상징하는 비유다. 그 의지가 탑을 세운다.

11. 상처 입기 쉬운 지점

우리는 언제나 시험을 당하고 언제나 쉽게 상처를 입는 존재다. 오로지 그 이유 때문에 우리 모두는(특히 현대인은) 고독을 끔찍하게 싫어하는 것이다. 우리는 고독 속에서 우리 자신과 마주하게 된다. 우리는 우리의 눈을 똑바로 보아야 한다. 우리가 우리 자신보다 두려워하는 것이 또 있을까? 이제는 우리 삶의 결정적인 책임을 외부로 돌리는 것이 더 이상 가능하지 않다. 우리는 보통 이렇게 말한다. "하나님이 나와 함께 살라고 짝지어 주신 여자"창 3:12 때문이라고……. 그러나 그렇지 않다. 내가 한 일이다. "뱀이 나를 꾀어서 먹었습니다."창 3:13 그러나 나를 속인 것은 바로 나 자신이다. 비극 작품의 주인공들은 이렇게 외친다. "내 가슴속의 운명, 혹은 우주의 힘에 의해 끼어든 외부의 운명이 그 일을 벌였다." 그렇지 않다. 철저하게 나 혼자 한 일이다. "당신이 내게 주신 나의 성향, 그것이 문제였어요."(여기서 '성향'은 언제나 외부에 있는 것, 나와 분리될 수 있는 것, 나를 압도하는 것이다). 피고는 이런 식으로 자기방어의 권리를 주장하며 정상 참작을 요구한다.

구원받지 못한 인간은 고독을 두려워한다. 여기에는 그가 요구할 만한 것이 하나도 없기 때문이다. 오로지 무시무시한 모습으로 다가오는 내 자아와 마주해야 한다. 그 외에는 거대한 침묵만 있다. 그렇다! 이 고독 속으로 들어가려면—중세 사람들이 십자

가상을 들고 악마의 세력을 쫓았던 것처럼—십자가를 받쳐 들고 가야 한다.골 2:15

이것이 고독의 비밀이다. 고독은 치명적인 시험의 자리이며, 거기서 인간은 거울의 방에 갇힌 것처럼 수천 개의 거울에 비친 자신의 모습을 보게 된다.

그 두려움을 피하기 위해서, 대학생은 자신의 초라한 방을 뛰쳐나와 수많은 사람들로 북적이는 번화가로 달려가고 카페로 기어든다. 그는 자기 자신이 두렵다. 주말이 되어 홀로 드라이브를 나가는 사람은 작은 라디오를 가지고 다닌다. 그 작은 상자 덕분에 자기가 혼자가 아니라는 환상을 누린다.

평범한 우리도—우리 그리스도인은 사실 더 많은 시험에 흔들리는데—바쁜 일과 속으로 도망하고, 정신없이 우리를 몰아대는 행사들 속으로 도망한다. 뭔가를 즐기고 탐닉하는 것으로 도피한다. 하여튼 뭔가 필요하다. 우리 삶에서 이런 식의 도피는—수 세기가 흐르는 동안 모든 문명국가에서—이미 하나의 생활양식으로 굳어져 버린 것은 아닐까? 우리의 자유도 그렇게 규격화된 것은 아닐까? 우리는 군중 속으로 숨고, 군중은 쉽게 도취되고 열광하고 광란의 도가니 속에서 격동하고 자기를 망각하며 모든 것을 내던지곤 한다. 군중 속에 있을 때는 얼마든지 그럴 수 있다. 군중은 거대한 파도처럼 한 사람을 싣고 높이 치솟았다가 바닥으로 처박힌다. 어쩌면 바로 그렇기 때문에 사람들은 미친 듯이, 미친 듯이 즐거운 것인가?

이러한 20세기의 생활양식은 우리가 은혜를 잃어버렸다는 것을 알려 주는 끔찍한 증거가 아닐까? 우리가 더 이상 홀로 있는 것을 견디지 못한다는 증거가 아닐까? 갑자기 들이닥쳐 우리의 참된 정체성을 확인시켜 줄 수도 있는 하나님의 얼굴을 피해서 현란한 일상의 북적거림 속으로 도피하고 있는 것은 아닐까? 우리는 평일이든 휴일이든 정신없이 내달리는 프로그램 속으로 도피한다. 무엇이든 우리가 완전히 몰입할 수 있는 것으로 도피한다. 그 옛날 아담이 그랬던 것처럼, 그것으로 핑계를 대고 자기를 '정당화'하려고 한다. 우리가 추종하는 시대정신을 보라! 자기 자신을 그냥 내맡기고 우르르 떠밀려 가는 군중을 보라…… 보라, 보라, 보라!

이것이 핵심이다. 인간은 고독을 참지 못한다. 하나님과의 관계가 바로 서 있지 않기 때문이다. 고독의 시간에는 하늘과 땅 사이에 우리가 의지할 다른 것이 없음을 분명히 알게 된다. 그래서 예수께서 우리 대신 마주하신 이 결정적인 고독이 우리에게 다가오는 것을 허용하지 않는다. 수단과 방법을 가리지 않고 그것을 막아 보려고 한다. 고독이 우리에게 오는 것도, 우리가 고독에게 가는 것도 허용하지 않는다. 창조주 하나님에게는 나아가려 하지 않고 안전한 우상들에게로 도피한다. 네 발로 기는 짐승의 우상, 날짐승의 우상, 사람 형상의 우상에게로 도피한다.[롬 1:18 이하] 그러나 인간은 우상들에게 둘러싸여 살면서도 한 가지 사실을 알고 있다. 드러나지 않게, 근본적인 차원에서 알고 있다. 한분 하나님이 계시다는 사실, 우리를 아시는 하나님,[고전 13:12] 삼키는 불이신 하나님이 계시다는 사실을 알고 있다. 비록 그분 앞에 나서는 것만큼은 죽어도 피하려 하지만 말이다. 우리의 본성은 자꾸만 고독을 피하고, 불안한 본능과 영리한 머리의 부추김을 받아 항상 누군가와 함께 있으려고 한다. 드러나지 않게, 근본적으로 우리는 알고 있다. 그 결정적인 고독이, 완전히 홀로 나 자신과 마주하는 것이, 모든 것을 벗어 던지고 오직 하나님께 고스란히 자신을 내맡기는 것이 얼마나 위험한 일인지를!

바로 이것이 우리가 죽음을 두려워하는 가장 심오한 이유가 아닐까? 죽음의 결정적인 특징은 그것이 가장 철저한 고독의 시간이라는 데 있다. 다른 사람과 사물은 모두 뒤로 물러난다. 왕이나 거지나, 부자나 나사로나 죽음 앞에서는 모두 철저하게 혼자가 된다.

죽음은 마치 사다리에서 떨어지는 것과 같다. 우리는 한 칸 위의 가로장을 붙잡으려고 손을 내뻗는다. 하지만 보라! 가로장이 다 사라져 버리고 우리는 허공에서 허우적댄다. 우리가 주머니에서 멋지게 꺼내 들어 물건값을 치르던 돈지갑도 없다. 우리가 한데 어울려 뒤엉키던 사람들도 뒤로 물러선다. 기껏해야 우리의 무덤이 있는 자리까지만 동행할 수 있을 뿐이다. 시대정신도 마찬가지다(그것은 우리를 떠받쳐 주었다. 그러나 우리가 어디서 멈추었는지, 그것이 어디서 시작되었는지 알 수가 없다). 시대정신은 시대의 조류를 결정하고 오래전부터 우리는 거기에 열광했지만, 시대의 조류란 것은 이제 더 이상 우리를 지탱해 주지 못한다. 깊은 고독만이 남는다. 그래서 우리는 죽음을 두려워한다. 우리는 하나님을 원하지 않았지만 이제는 그분이 우리를 차지하신다. 그래서 문학은 죽음을 평화로운 이미지로 포장한다. 문학은 다른 형태의 생명으로 넘어가는 것을 꿈꾼다. 거기에는 새로운 은신처, 전쟁터, 바리케이드가 있다. 새로운 군중과 정신과 취하는 술잔이 있다.

12. 예수, 우리의 운명

우리는 이처럼 고독과 죽음을 두려워한다. 우리가 우리의 죄를 고스란히 마주한 채 홀로 있어야 하는 시간, 우리가 우리 자신을 재판해야 하는 시간이 다가오기 때문이다. 그러므로 죽음과 고독을—어떤 환상에 빠지지 않은 채로—견뎌 낼 수 있는 유일한 길은 하나님의 은혜가 우리의 삶을 지탱해 주는 것뿐이다. 죽음과 지옥과 모든 권세를 이기신 그분이 우리의 구원자가 되는 것뿐이다. 우리가 광야의 고독 속으로 들어가서 우리 자신과 마주할 수 있는 유일한 방법은 하나님의 아들이 보이신 방법, 곧 하나님의 말씀이 우리를 위해 싸우도록 하는 것이다.[마 4:7, 10] 우리의 혈육으로는 결코 감당할 수 없다.[마 16:17] 결국 우리가 할 수 있는 일은, 하나님을 우리의 친구로 삼고 그분과 친밀한 관계를 맺음으로써 그분이 우리를 위해 싸우시도록 하는 것뿐이다. 죽음아, 너의 독침이 어디에 있느냐?[고전 15:55] 하나님이 여기 계신다. 그리스도가 여기 계신다![롬 8:33 이하]

이제 우리는 예수께서 왜 성령에 이끌려 광야로 가셨으며, 거기서 우리와 똑같은 시험을 당하셔야 했는지 이해할 수 있다. 우리가 그렇게도 두려워하는 고독은 언제나 하나님의 시선 앞에 있는 고독이다. 거기서는 우리 삶의 진실이 적나라하게 드러나기 때문이다. 인간 내면의 낭떠러지가 확연하게 드러난다. 그 낭떠러지는 하나님과 인간 사이에 드리워진 낭떠러지다. 그런데 예수께서 우리를 대신하여 그것을 견뎌 내신다.

예수께서는 우리 인생의 가장 비밀스러운 지점, 곧 인생의 고독 속에서 우리의 모범이 되어 주신다. 그러므로 우리가 예수를 주님으로 맞이하면, 우리 인생의 어떤 지점도—최악의 시련이 닥쳐올 때도, 일상의 권태로움이 가장 지독하게 밀려올 때도—무작정 외롭기만 한 곳이 아니게 된다. 그분은 우리가 시험으로 흔들릴 때, 고독 속에 있을 때 우리의 형제가 되어 주시며 '우리와 똑같은 인간'으로 함께 계신다. 그분은 이 고독 속에 하나님이 내려오시게 함으로써 악마를 물리치신 것이다. 그분은 우리의 형제이며 주님이시다. 그러므로 우리는 그분과 함께 광야로 걸어가려고 한다. 그분이 철저한 고독 속에서 시험을 받아 흔들리던 자리를 그분과 함께 하나씩 돌아볼 것이다. 경건한 순례자들이 그분의 십자가 고난의 길을 따라 걸으며 각각의 처소에 엎드려 절하는 심정으로…….

첫 번째 시험: 굶주림의 현실

시험하는 자가 와서, 예수께 말하였다. "네가 하나님의 아들이거든, 이 돌들에게 빵이 되라고 말해 보아라."

마태복음 4:3

13. 시험의 장소: 우리의 구체적인 삶

시험하는 자의 도전은 두 가지 특징을 지닌다. 첫째, 주님의 시험은 고차원적인 고민에서 나온 것이 아니다. 하나님에 관한 물음에서 발견되는 모순, 부조화, 역설을 따지는 것으로 시작되지 않는다. 그것은 오히려 오늘날 우리의 자기과시 방식이다. 우리는 이런 식의 질문을 던진다. "하나님은 인간이 도저히 측량할 수 없는 권능으로 모든 인간 위에 높이 계시는 분이다. 그 하나님이 다스리시는 무한한 우주에서 인간은 한갓 먼지에 불과한 존재다. 그런데 하나님이 그 미미한 인간의 깊은 내면까지 들여다보시고[마 6:4] 그를 돌보아 주신다니![시 8:4] 이런 일이 어떻게 가능한가?" 그러나 이는 그분의 마음을 찢어

놓거나 괴롭게 만드는 물음이 되지 못한다. 부조화와 모순은 그분을 시험하지 못한다.

물론 그분은 그런 부조화와 다른 수많은 모순의 생생하고 뚜렷한 증거가 되신다. 예를 들어, 하나님의 초월적 위엄과 하나님의 가까우심, 곧 자상한 아버지처럼 위로하시는 친밀함은 모순 중의 모순이다. 심판과 은혜, 하나님과 인간, 최후 심판과 베들레헴 외양간. 이 모든 부조화가 고스란히 그분 안에 있지 않은가? 그리스도야말로 걸어 다니는 모순 아닌가? 온갖 사상이 서로 부딪혀 마찰을 일으키면서 빚어내는 삐걱거림이요, 전무후무한 불협화음이 아닌가? 그래서 그분이야말로 모든 의혹의 표적, 움직이는 표적이라 할 수 있지 않을까?

그러나 정작 당사자에게는 그런 것이 중요하지 않다. 예수께서 당하신 시험과 고뇌는 하나님과 예수 자신에 대한 생각이나 그 밖의 고차원적인 고민에서 나온 것이 결코 아니다. 예수의 시험은 정신의 세계에서 비롯된 것이 아니라 너무나 구체적인 문제에서 출발한다. 어쩌면 너무 잔인하다 싶을 정도로 현실적인 육체적 문제, 곧 굶주림의 문제에서 시작된 것이다. 그분은 사십일 밤낮을 금식하며 굶주리셨다. 시험하는 자는 이처럼 극도로 구체적이고 현실적인 지점을 파고들어 예수와 하나님의 결속을 깨뜨리려고 한다.

바로 이것이 중요하다. 하나님과 우리의 결속이 위태로워지는 것은 이런저런 가르침 때문이 아니다. 어떤 교리를 이성적으로 받아들이지 못해서가 아니다. 예를 들어, 우리가 그리스도의 성육신을 이해할 수 없다거나, 심판의 하나님과 은혜의 하나님 사이의 괴리를 합리적으로 설명할 수 없다거나, 그런 것 때문이 아니다. 물론 이 문제는 때때로 우리의 턱밑까지 차올라 우리를 힘들게 한다. 그런데 한 가지 확실한 것은 이런 이성적인 문제 때문에 시험이 찾아오는 것은 아니라는 사실이다. 그 때문에 하나님과의 단절이 일어나는 것은 아니다. 하지만 이처럼 합리성의 차원에서 갈등이 생겨났다는 것은 더 깊고 중대한 영역에서 어떤 문제가 발생했다는 증거다. 하나님과 우리의 관계, 곧 하나님 앞에서 우리의 삶에 문제가 생긴 것이다. 우리는 우리와 하나님의 관계가 흐트러지고 우리의 삶이 하나님으로부터 단절된 후에, 이 모든 일이 일어난 '후'에 그것의 원인을 찾는다. 그리고 그 원인은 즉각 모습을 드러낸다.

로마서 1장에는 이방인들이 네 발 짐승, 기어 다니는 동물, 날짐승 따위를 신으로 섬기는 행위를 지적하는 내용이 나온다. 이로써 이방인들은 어떤 우상이나 형상으로 묶어 둘 수 없는 유일하신 주 하나님을 배반한 것이며—이 글의 맥락을 따라 표현하면—배반과 우상숭배의 '시험'에 빠져 버린 것이다. 이것이 바울이 말하고자 했던 것이다.

만일 우리가 그 당시의 이방인들을 만나게 된다면, 그들은 지극히 타당하고 합리적인 이유를 나열하며 자신들의 우상과 신화를 변호했을 것이다. 그들이 왜 창조주 하나님(성경이 선포하는 그 창조주 하나님) 앞에서 우왕좌왕하게 되었는지, 왜 그분에 대한 믿음이 흔들렸는지, 왜(다시 말해, 무슨 근거로!) 다른 신과 우상과 세계관에 눈을 돌리게 되었는지, 그들 나름대로 탁월한 근거를 제시할 것이다.

14. 인간의 소원: 하나님에 대한 개념의 아버지

이방인들이 왜 그런 시험에 들었는지, 보통의 인간은 왜 우상의 종교로 추락할 수밖에 없는지, 이런저런 원인이 언급되고 있다. 시장에 펼쳐진 싸구려 상품처럼 이미 셀 수 없이 많은 원인들이 나와 있지만 그 어느 것도 본질적인 원인은 아니다. 진정한 원인은 이성적 사유 속에서 찾을 수 없다(인간은 창조 세계 안에 계신 하나님을 인식하기에는 시야가 너무 좁고 지적으로 너무 약하다). 지독한 시험의 근본적 원인은 하나님을 대하는 인간의 총체적인 태도다. 인간은 하나님을 찬양하고 하나님께 감사함으로 모든 면에서 그분께 영광을 돌려야 하지만, 끈질긴 사악함으로 시종일관 그것을 거부하고 있다.[롬 1:21] 이것이 진짜 원인이다.

이방인들이 시험에 들 수밖에 없었던 것은 하나님과의 관계에 결함이 생겼기 때문이다. 너무도 뚜렷하고 구체적인 이 현실은 (그때부터 본격적으로!) 그것을 정당화해 줄 나름의 원인을 만들어 낸다. 예컨대 하나님에 대한 왜곡된 지식을 양산한다. 또 거기에 근거한 여러 가지 이미지를 양산한다. 그에 상응하는 종교가 고안되고 거룩한 예배의 향이 뭉게뭉게 피어오른다. 하나님을 '인정'하지 않는 현실이 그들의 하나님 '인식'을 규정한다. 애초에 그들은 하나님을 온전히 인정하기를 원치 않았고(원하는 것이 중요하다!) 그 후로는 온갖 이유와 원인을 내세우면서 자신들의 의지를 정당화한다. 어디서든 일단 그런 마음이 생기면 원인은 언제나 차고 넘친다. 인간의 소원은 생각의 아버지다. 우리의 소원은 대단히 기묘하고 무시무시한 방식으로 하나님에 대한 개념을 만들어 낸다. 어떤 생각이나 원인을 갖는다는 것은 참 쉬운 일이다. 그러나 마치 마술처럼 그 생각과 원인을 빚어내는 인간의 삶과 소원은 너무나 현실적이고 막강하다. 우리가 원하는 만큼 많은 소원, 원하는 만큼 유행에 맞는 소원, 원하는 대로 다 되는 소원! 철학의 역사는 소원의 역사라고 말할 수 있다. 역사 서술의 역사는 그 소원의 구체적인 이미지의 역사라고 말할 수 있다. 종교의 역사도 경건한 소원의 역사로 해석할 수 있다.

여기서 우리가 반드시 짚고 넘어가야 할 중요한 점이 있다. 그것은 인간의 의심과 시험이 지성적인 의심과 원인 때문에 생겨나지 않는다는 사실이다. 오히려 정반대다. 의심과 그 의심의 원인은 이미 지나간 시험에서 나온다. 이미 입은 상처에서 나온다. 그래서 우리는 "하나님, 나를 샅샅이 살펴보시고, 내 마음을 알아주십시오"라고 기도할 수밖에 없다.시 139:23 우리의 힘만으로는 그것을 알 수 없기 때문이다. 우리는 특히 우리의 마음을 알 수 없다. 우리가 내세우는 원인만 알 수 있다. 그러나 그것은 진정한 원인의 그림자에 불과하다. 달리 표현하면, 본래의 원인 위에 이데올로기적으로 덧씌워진 것이다. 키르케고르는 말한다. "원인(근거)이 확신을 지탱해 주는 것이 아니라, 확신이 원인을 지탱해 준다." 인간은 말을 할 때, 그리고 어떤 근거를 댈 때 자신을 드러내는 것보다 감추는 것이 더 많다. 외교관만 그러는 것이 아니다. 모든 인간이 그렇다.

그러므로 정치적이고 전략적인 연설의 기술은—작은 마을의 철부지 어린아이나 공식 석상의 주목받는 인물이나—자기 행동의 원인을 찾아내서 그 원인으로 행동을 '정당화'하는 것이다. 그렇게 함으로써 그 행동의 진짜 의도는 은폐할 수 있다.

따라서 외교의 기술이나 (방법은 다르지만) 목회상담의 기술, 심리치료의 기술은 상대방이 언급하는 원인을 면밀히 검토하고 그가 그런 원인을 내세울 수밖에 없는 속사정이나 속마음을 들여다보는 것이다. 원인을 걷어 내면 진정한 인생의 모습이 드러난다. 이것이 근본적인 실체다. 원인은 바로 거기서 끊임없이 양산된다.

'우리가 어떤 존재인가?'(우리의 실체!) 바로 이것이 우리의 신을 결정한다(마르틴 루터의 『로마서 주석』). '우리가 어떤 존재인가?' 바로 이것이 자꾸만 우리의 우상을 변호하고 주 하나님을 의심하는 원인을 결정한다. 시험하는 자는 이와 같은 원인을 가지고 작업을 시작한다.

15. 변증이라는 그림자놀이

시험의 불 속에 있는 사람, 시험과 고뇌의 불구덩이 속에 있는 사람은 온갖 주장의 집중 공격을 당하게 된다. 하나님을 지지하는 이유와 거부하는 이유로 격돌하는 주장들, 그리스도를 지지하는 이유와 거부하는 이유로 충돌하는 주장들이 오로지 그에게 집중된다. 지금까지 한 번도 들어 본 적 없는 새로운 논리, 더욱 강력한 반론의 도움으로 이 곤경을 빠져나올 것이라고 기대한다면 그것은 너무나 어리석은 생각이다. 시험과 방황에서 벗어나기 위해 적대자의 주장에 반대하는 이유를 찾아내고 반론을 제시하는 공허한 기술을 우리는 '변증'辨證이라 부른다. 변증의 목표는 시험에 맞서 믿음을 수호하는 학문이 되는 것이다. 그러나 믿음이란 것이 수호한다고 수호될 수 있는 것인가? 그것도 하필 우리 인간에 의해서? 오히려 믿음이란 항상 우리를 공격해 오는 것이라고 말해야 하지 않을까? 의심하는 인간의 질문에 그럴싸한 해답을 주는 것이 아니라 오히려 역공을 펼치며, 직접 질문하고 공격하고 돌격하고, 근본적인 물음으로 도발하면서 인간의 마음 한복판에 날아와 꽂히는 것 아닐까?

상대의 주장에 반대하는 논리와 주장, 토론과 변증으로 시험을 몰아내려는 시도는 그림자로 그림자를 쫓아내는 것이나 마찬가지다. 시험은 훨씬 더 깊은 문제를 안고 있다. 우리의 삶 전체가 교묘하게 하나님으로부터 떨어져 나온 상태라는 것, 우리가 그분의 은혜와 다스리심을 원하지 않는다는 것, 이것이 진정한 문제다. 그리고 이것은 우리의 삶 속에서 구체적으로 드러난다. 우리의 조급함, 짜증, 매정함, 불성실, 그리고 무엇보다도 이 모든 것을 덮어 버리는 힘으로 나도 속이고 남도 속이는 끝없는 말과 고함……. 이것이 문제다. 오직 이것이 문제다. 이것이 우리 삶의 근본적 현실이다. 지금 하나님과 우리의 관계가 뒤틀리고 말았다. 우리는 결코 그분의 사랑에서 벗어날 수 없는데, 그럼에도 그분과 적대 관계가 되어 버렸다는 이 끔찍한 현실 때문에 우리는 그 현실을 정당화할 이유를 찾는다. 시험은 하나님을 대적하는 이유를 찾는다. 해안가에 사는 사람들이 밀려오는 바닷물을 막으려고 방파제를 쌓는 것과 같다. 그 바닷물로부터 수많은 이유와 주장이 솟구쳐 오른다. 때로는 늪에서 스멀스멀 올라

오는 유독가스처럼 피어오른다. 인간의 이성과 이성적인 논증은 근본적으로 새로운 것이 없다. 그것은 결국 인간이 정말 어떤 존재인가 하는 것을 드러낼 뿐이다. 바로 그것을 언어와 사상의 상징으로 묘사할 뿐이다. 종교개혁의 신학은 이것을 제대로 간파하여 거침없이 폭로했다. 시험에 빠진 인간은 언제나 시험에 빠질 만한 생각을 한다. 그러나 여기서도 핵심은 우리 인간이 시험에 빠져 있는 존재라는 사실이다. 우리와 하나님 사이의 긴급한 위기, 혹은 만성적 위기의 현실, 오로지 그것만이 진정한 문제다. 그와 더불어 피어오르는 생각, 이런저런 이유와 주장은 이 근원적인 문제와 비교할 때 그저 몽상에 불과하고 병든 사람이 내뿜는 거품에 불과하다. 한마디로 질병에 수반되는 증상일 뿐이다.

어째서 시험을 사상으로 막아 낼 수 없는지, 변증으로 물리칠 수 없는지 이제는 확실해졌다. 지독한 연기煙氣를 다른 연기(가령 성스러운 향연)로 물리치거나 악마를 바알세불로 몰아낼 수는 없다. 정말 없애 버려야 할 것은 저 늪이다. 우리 삶의 가장 강력한 실재, 곧 하나님과 우리의 관계를 가로막은 가장 실질적인 방해물이 없어져야 한다. 그러므로 중요한 것은 어떤 생각이 아니라, 꼭 필요한 하나의 행동이다. 어떤 이유와 근거를 내세울 것이 아니라, 하나님의 은혜와 그 측량할 수 없는 긍휼을 간청해야 한다. 그러니 우리는 다만 이렇게 기도할 수 있다. “우리를 시험에 들게 하지 마옵소서.” 그럴싸한 근거를 내세워서는 시험을 격퇴할 수 없다. 예수께서 우리에게 선물해 주신 유일한 무기는 바로 이 기도이며, 이렇게 기도하라는 가르침이다. 다른 무기는 없다. 다른 고백, 다른 신학은 없다. 우리의 로고스, 곧 이런저런 이론이나 학문을 가지고는 시험에 맞설 수 없다. 우리 자신과 우리의 생각은 오히려 시험을 찬성하는 쪽이기 때문이다. 우리가 하는 생각은 결국 그 옛날 에덴동산에서 불기 시작한 나팔과 똑같은 나팔을 불고 있다. 이 흐름을 거스를 수 있는 유일한 분은 하나님이다. 하나님의 말씀이다. 그래서 우리는 그분께 우리의 간청을 담아 이렇게 노래한다. "힘센 장수 나와서 날 대신하여 싸우네." 진실로 다른 무기는 없다. 여기에는(이 자리에는) 그 무기를 붙잡고 휘두를 수 있는, 힘줄이 불거진 두 팔과 두 주먹도 없다. 여기서는 우리가 바로 전쟁터다.

16. 굶주림과 의심

우리는 이 모든 것을 예수의 첫 번째 시험에서 배우게 된다. 시험은 생각에서 나오지 않는다. 오히려 구체적인 현실에서 생각이 나온다. 하나의 현실, 곧 굶주림의 현실에서 우리를 언제든 시험에 들게 만드는 생각이 나오는 것이다. 굶주림은 우리 삶의 가장 중요한 현실이다. '우리가 하나님과 친밀한 관계에 있는가, 아니면 그 관계가 깨졌는가?'를 판가름하는 현실이다. 우리는 꼬르륵거리는 배를 움켜쥐고도 기꺼이 기도할 수 있는가? 단순한 배고픔을 넘어 굶어 죽을 지경이라면? 그러면 하나님과의 관계, 경건한 신앙도 함께 죽어 버리는 것 아닌가? 우리의 신들도 역시 굶어 죽는 것 아닌가? 신들을 숭배하던 민족들이 멸망하고 그들이 영위하던 문화가 전복되면, (오스발트 슈펭글러의 『서구의 몰락』에 나오는 '그리스도교 세계'처럼) 그 신들도 함께 굶주리고 함께 죽을 수밖에 없는 것 아닐까? 종교를 하나의 신화로 여기는 사람들은 이런 식으로 목소리를 높이면서 종교보다 생물학적인 구체적 생존이 먼저라고 주장한다.

이 모든 것이 '굶주림'의 현실에서 솟아 나와 우리를 시험에 빠뜨리는 생각이다. 이는 사악한 자가 불러일으키는 생각이며, 그는 이런 생각을 가지고 우리 인생의 약하고 상처 난 부분을 공격한다. 아무튼 이 공격을 통해서 우리 인생의 실질적 핵심이 시험을 당한다는 사실, 그것이 의미심장하다. 우리가 시험을 당하는 지점은 생계유지, 삶의 만족과 안정 또는 몰락, 굶주림 등과 관련된 핵심적인 부분이다. 바로 거기서 의심 가득한 생각, 언제라도 시험에 빠져들 만한 생각이 늪의 연기처럼 피어오른다.

예수께서 우리에게 가르쳐 주신 기도를 보면, 그분도 이 현실을 충분히 파악하고 계신다는 것을 알게 된다. 그 기도는 일용할 양식에 대한 간구를 하나님 나라에 대한 간구와 긴밀하게 연결시킨다. 신적 사유에 있어서 현실주의는 우리 몸의 실존을 높이 평가하는 것이다. 그만큼 우리의 몸은 그분에게 중요하다. 또한 그분은 우리의 몸에—비유적으로—그만큼 중요하다. 영원한 말씀이 친히 육신이 되어, 우리가 사는 이 땅에 자신을 단단히 묶어 놓지 않았던가?

우리의 몸, 우리 삶의 현실, 먹고사느냐 굶어 죽느냐를 다투는 현실, 이런 것이야말로 시험하는 자가 회심의 일격을 가하기 좋은 약점 중의 약점이다. 가장 시험에 빠질 만한 생각이 바로 여기서 솟아오른다. 아마도 이 부분이—조심스럽지만 대담하게 말하자면—마르크스주의를 추종하는 사람들이 처음으로 시험을 당하는 지점일 것이다. 「서푼짜리 오페라」[5]에 나오는 대사처럼 "배불리 먹는 것이 먼저, 도덕은 그다음!"이라는 생각에 사로잡힌다.

시험은 언제나 우리 삶의 현실에서 발생한다. 그러나 우리는 그 육체적인 부분, 잔인할 정도로 현실적인 부분이 궁극적으로는 시험의 토대가 아니라는 사실을 확인하게 된다. 그러면 무엇인가? 그보다 훨씬 깊고 훨씬 실제적인 현실이 있으니, 그것은 하나님과 우리의 친밀한 관계가 끊어졌다는 것이다. 하나님과의 관계가 상실된 현실 혹은 위기에 처한 현실, 그래서 우리가—잃어버린 자녀인 우리가!—낯선 곳을 헤매고 있으며 더 이상 하나님의 뜻에 따라 살지 않는다는 현실, 이것이 모든 시험의 근원적인 바탕이다. 이것이 우리가 고뇌 속에서 흔들리고, 무너지고, 산산조각이 나는 이유다.

이 본질적인 현실에 비하면 다른 외적 현실들은 부차적인 것이다. 예를 들어, 우리의 구체적인 삶에 닥쳐온 처참한 위기, 질병과 굶주림과 온갖 어려움은 근원적인 어둠의 힘이 터져 나오게 만드는 외적인 계기에 불과하다. 그것은 욥과 예언자들과 예수 그리스도를 시험했으며, 모든 인간을 시험하는 자가 사용하는 수단에 불과하다. 이 위대한 원수의 대리자가 되어 세상에서 권력을 행사하는 자들도 시대와 나라를 막론하고 그 수단을 사용한다. 그들은 "빵 바구니를 더 높은 곳에 걸어 둔다."[6] 테러를 일으키고 생계를 위협한다. 하나님의 종으로 살아가려는 사람들을 시험에 빠뜨린다. 그러나 만일 우리가 시험에 빠질 만한 존재가 아니라면? 이 세대의 풍조를 따르지 않는다면? 죄를 짓고 타락하여 심판에 이르는 길 위에 있지 않다면? 그렇다면 그런 수단도 우리에게 전혀 해를 끼치지 못할 것이다.

그러므로 우리 주님이 겪으신 굶주림이 우리에게 주는 위대한 교훈은 이것이다. 시험하는 자는 뜬구름 잡는 이론이나 질문이 아니라 삶의 구체적인 현실을 통해 그분에게 달려들었다. 우리는 바로 이 지점에서, 하나님이 그분을 얼마나 깊이 '육신 속으로 집어넣으셨는지'를 깨달으며 위로를 받고 하나님 앞에 엎드리지 않을 수 없다. 그분은 육신, 곧 우리와 똑같은 몸으로 시험을 겪으셨다. 하늘의 별과 맞닿아 있는 그분의 머리가 아니라, 여기 그분의 몸에서 위기가 시작된다. 그분과 하나님의 관계가 위기 속으로 진입한다.

여기서 예수의 시험은 우리에게 가장 가깝게 느껴진다. 감정과 생각으로 구성된 시험은 우리에게 낯선 것이다. 감정과 생각은 사람마다 제각각이기 때문이다. 그러나 굶주림이 무엇인지, 곤경과 고통과 죽음의 공포가 무엇인지는 모르는 사람이 없다. 적어도 예감은 하고 있다. 예수 그리스도는 우리의 형제가 되심으로 그 시험을 우리보다 먼저 겪으셨고, 그 고통과 극심한 고뇌의 시험을 자기 몸으로, '실존의 문제'로 경험하셨다.

그분은 우리보다 먼저 그것을 살아 내시고 겪어 내셨다. 너무나 크고 힘든 현실, 운명의 혹독한 시련, 불의, 지진, 전쟁, 혁명에서 불거져 나오는 시험을 그 시간에 모두 겪으셨다. 그것은 하나님의 침묵으로부터 나오는 시험이었다. 하나님 주변을 감도는 압도적인 고요함 때문에 생겨나는 시험이었다. 하나님은 자신의 아들을 그냥 기다리게 하셨다. 그 굶주림의 시간에 '의미 없이' 기다리게 하셨다. 돌덩이로 빵을 만들어 주지 않으셨다.

'하나님이 침묵하고 있다?!' 그와 같은 상황에서는 이것이 가장 큰 시험이다. 하나님은 이념 분쟁을 뻔히 보시면서 어떻게 침묵하실 수 있는가? 리스본 지진을 보시고도 어떻게 침묵하실 수 있는가? 어린 생명들이 죽어 가고 있는데 어떻게 침묵하실 수 있는가? 정말 하나님이 계시다면……침묵하셔도 되는 것인가?

17. '하나님'이라는 사실의 토대 위에 서 있는 악마

만일 하나님이 계시다면! 이것이 시험하는 자의 질문을 규정하는 두 번째 요소다.

"만일 한분 하나님이 계시다면, 그분은 너에게 지금 빵을 주셔야 한다. 정말 네가 하나님의 아들이라면, 이 돌들에게 빵이 되라고 말해 보아라."

이 새로운 생각에서 결정적으로 중요한 것은 악마가 '사실'의 토대 위에 서 있는 모습을 보인다는 것이다. 그는 냉철한 모습으로 아주 당연하다는 듯이, 하나님이 존재한다는 사실을 전제로 말을 꺼낸다. 에덴동산의 뱀도 그런 모습으로 시험하는 질문을 던졌다. "하나님이 정말로 그렇게 말씀하셨느냐?" 사실 이 질문은 다음과 같은 뜻을 담고 있다. "친애하는 하와여, 우리는 하나님에 대해 논쟁하고 싶지 않소. 그분이야 우리가 늘 염두에 두어야 하는 기정사실이니 말이오(그런 말이 경건한 하와의 영혼에 마치 향유처럼 똑똑 떨어지는구나!). 그분이 정말로 말씀하셨다는 사실, '하나님의 말씀'이 존재한다는 사실에 대해서도 논쟁할 필요가 없소(더 바랄 게 무엇인가! 하와의 마음에서 환호성이 터져 나온다. 기쁜 마음으로 '맞아요!' 하고 말하고서 함께할 만한 일을 찾아보아야 하지 않을까?). 그렇소, 하와여, 나는 이렇듯 확실한 사실의 토대 위에 서 있소. 사실 내가 말하고 싶은 것은 조금 다른 주제랍니다. 물론 최대한 객관적이고 철저하게 진실을 지키면서 하는 말이오! 그러니까 그분이 정확하게 바로 그 말씀을 하셨냐는 것이오. 가령 하나님이 정말로 '너희는 동산 안에 있는 모든 나무의 열매를 먹지 말라!'창 3:1 고 말씀하셨냐 하는 것이오."

뱀은 계속해서 말을 이어 간다. "그렇군요. 자, 그분이 그렇게 말씀하셨다고 칩시다. 설령 그렇다고 해도 나는 하와 당신과 함께 계속해서 사실(그 '말씀'의 사실)을 기반으로 움직일 거요. 하지만 진지하고 책임감이 있는 사람이라면 그 말씀을 글자 그대로 받아들여야 할지, 아니면 그 말씀의 의미를 붙잡아야 할지 물어야 하오. 당신의 경우에는 그 말씀을 완전히 다른 방식으로 적용해야 하는 건 아닐까창 3:5 물을 필요가 있소."

뱀은 여자와 이야기하면서 감동적인 시선으로 하늘을 우러러본다. 진지한 얼굴로 입을 굳게 다문다. 책임감으로 가득한 모습, 너무나 침착한 모습이다.

진실로 뱀은 서투른 무신론자나 볼셰비키주의자가 아니다. 아무 생각 없이 지옥 문짝을 집어 들고 천국의 집으로 들어가는 어설픈 녀석이 아니다. 뱀은 철저한 유신론자다. 뱀은 하나님에 대해 아주 정확하게 알고 있으며, 그래서 떤다.약 2:19 물론 간교하고 상황 판단도 빠르다. 얼른 대책을 세워서, 꼬리는 떨지만 얼굴은 평온하고 너무나 매혹적인 모습을 유지한다. 아무튼 그는 '하나님'이라는 사실의 기반 위에 서 있다. 그 위에서 움직인다("사탄도 빛의 천사로 가장합니다").고후 11:14 이것이 그자의 섬뜩함, 무시무시함, 까마득함, 지옥 같은 흉악함이다.

하지만 이것이 다는 아니다! 그는 심지어 예수가 하나님의 아들이라는 사실도 그대로 받아들인다. 시험하는 자가 던진 조건문('만일 네가……')도 그것을 철저하게 염두에 두고 있다. 그는 오로지 전략적인 이유에서 그 사실, 곧 예수가 하나님의 아들이라는 사실을 놓고 도발한다. 그러면 예수가 그 사실을 입증하는 과정에서 보란 듯이 확실한 기적을 행할 것이라 기대하고 있다. 시험하는 자는 결코 무례하지 않다. 아직까지 기적을 행하지 않았다고 해서 주님을 함부로 대하거나 조롱하지 않는다.

비난과 조롱은 그의 목표가 아니다. 그는 누가 봐도 긍정적이고 건설적인 의도를 내비친다. 그의 목표는 완전히 다르다. 그의 목표는 딱 하나, 예수가 기적을 일으키도록 하는 것이다. 그래서 그가 하나님의 아들이라는 사실을 증명하도록 부추기는 것이다. 오로지 그것뿐이다. 그런데 하필이면 왜 그것을 원하는가? 도대체 여기서 악마가 하려는 일은 무엇일까? 그분이 행하는 일의 법칙을 자기가, 곧 악마가 지시할 수 있게 되는 것, 더도 덜도 아닌 이것이다. 그렇게 할 수만 있다면 그는 진정한 권력자다. 그렇게만 되면 모든 기적은 그의 이름으로 그의 영광을 위해 일어나는 것이 된다. 예수가 하나님의 아들인 것도 그의 이름으로 그의 영광을 위한 일이 된다. 생각만 해도 끔찍한 일 아닌가!

이것이 악마가 '하나님'이라는 사실에 토대를 두고 움직일 때 일어나는 무서운 결과다. 그래서 자신의 진면목을 감춘 악마가 그렇게도 위험한 것이다. 그의 영향력은 '하나님'이라는 사실의 토대 위에 있을 때, 그리스도교를 긍정하는 것처럼 보이는 토대 위에 있을 때 가장 막강하다. 교회 안의 유혹자, '다른 길을 가르치는 자'가 그토록 위험한 것도 이런 이유 때문이다. 우리는 이렇게 말할 수 있다. 악마의 가장 악마적인 요소는 '하나님'이라는 사실의 토대 위에 서 있는 것이라고! 그래서 그는 태초부터 거짓말쟁이요, 하나님의 '원숭이'(모방자)다. 그래서 사람들은 그를 하나님과 혼동한다.

18. 계산하며 음모를 꾸미는 자

우리는 여기서 악마가 '하나님'이라는 사실의 토대 위에 서 있는 방식을 주의 깊게 살펴야 한다. 그는 어떻게 다른가? 예컨대 예수와는 어떻게 다른가?

결정적인 차이는 이렇게 말할 수 있다. 악마는 '하나님'이라는 사실 '위'에 있을지는 몰라도 그 '아래' 있지 않다. 그는 하나님 아래서—그분의 종이나 아들로서—순종하는 자리에 서 있지 않다. 그는 최대한 그분의 주권 영역 너머에 있으려고 하며, 외부자의 시선으로 그분을 관찰하려고 한다. 그는 하나님 앞에 엎드리지 않는다. 다만 그분의 움직임을 보면서 계산한다. 체스를 잘 두는 사람이 자신이 가진 말의 움직임을 계산하듯, 더 정확히 말해 체스판의 움직임 전체를 계산하듯 그렇게 하나님을 생각한다. 하나님은 중요한 요인 중 하나다. 그의 책략 속에서 작동하는 요인이다. 오로지 그럴 때만 '하나님'이라는 쓰디쓴 사실의 토대 위에 선다. 이것은 무엇을 의미하는가? 그는 하나님을 자기가 주도하는 게임의 한 실재로 여긴다. 그는 체스 기사로서 그 실재를 '바깥에서' 보는 것이다. '바깥에서'라는 말은 그가 하나님의 집에서, 하나님의 빛 안에서[시 36:9] 보지 않음을 의미한다. 그는 아들이나 종의 눈으로 보지 않는다.[요 10:27; 18:37] 그가 보고 있는 곳은 바로 지옥이다. 지옥이란 무엇인가? 하나님의 '바깥', 그래서 완전히 밖으로 내버려짐 아닌가?

"만일 하나님이 하나님이고 네가 그분의 아들이라면, 이제 그분이든 너든 뭔가를 보여주어야 할 것 같군. 그렇지, '확실한 결과를 보여주는 것'이라네. 나는 논리적이고 정확하게, 엄격하고 과학적으로, 그러면서도 대중적으로 표현하는 걸 좋아하지. 예를 들어, 여기 광야에서 뭔가 확실한 것을 보여준다면, 그것은 자네가 빵을 만드는 것 아닐까……."

악마는 이런 식으로 하나님과 체스를 두면서 하나님의 수를 읽는다. 그는 '바깥에서' 전체를 보면서 인간이라는 말과 하나님이라는 말을 움직인다. 우리는 이러한 유혹자의 말을 논증 교과서의 주요 사례(문제)로 다루어 볼 필요가 있다. 하나님이 그의 사악한 손아귀 안에서 하나의 전제前提가 되면(악마는 '하나님'이라는 사실을 늘 염두에 둔다!), 사람들은 그 전제에서 결론을 도출하는데, 그 결론이란 언제나 자기에게 옳은 것이 된다.

"굶주린 인간 예수가 가장 바라는 것이 무엇이겠는가? 다음과 같은 논리가 옳다고 입증되는 것이다. 하나님이라는 전제가 있으니, 내가 이제 빵을 얻게 되는 것은 당연하지 않은가? 하나님이라는 전제가 있으니, 경건한 신앙의 결과는 복이어야 한다. 가시적 현실 너머의 뭔가를 붙들고—인간적으로 볼 때—의미 없는 모험을 하는 것이어서는 안 된다. 누구나 A를 말한 다음에는 B를 말하지 않는가? '하나님'이라고 말했으니 그다음에는 빵과 정의와 평화가 나와야 하지 않는가?"

시험하는 자의 문제 풀이는 이런 식이다. 철학적 논리를 갖춘 수준 높은 언어로, 또는 보통 사람의 상식과 잘 통하는 언어로 논증이 계속된다.

"만일 하나님이 계시다면, 그리스도인들은 좀 더 구원받은 모습이어야 한다"[7] (하나님이라는 전제가 있으니, 이 세상은 좀 더 구원받은 모습이어야 마땅하다는 말과 똑같다).

"만일 사랑의 하나님이 계시다면, 전쟁이나 자연재해, 암이나 정신병원 같은 것들은 없어야 한다."

"만일 정의의 하나님이 계시다면, 어느 때나 어느 곳이나 악을 행하는 자와 피 흘리는 자와 양심 없는 자에게 벼락이 떨어져야 한다. 그렇다. 온 세상의 역사는 온 세상의 심판이어야 할 것이다……."

예수께서도 첫 번째 시험을 마주하면서 이런 식의 질문과 논증을 내다보지 않으셨을까? 시험하는 자를 바짝 붙어서 따라다니는 이 음산한 패거리, 의심과 고뇌의 무리를 꿰뚫어 보지 않으셨을까? 그 무리가 정말로 공중을 가득 메우더니,[엡 2:2] 수없이 많은 매가 날카로운 부리를 앞세우고 달려드는 것처럼 무방비 상태의 인간 양심을 향해 하강하는 것을 보지 않으셨을까?

그렇다. 진실로 예수께서는 이 모든 것을 보셨다. 그분의 생애에서 십자가 다음으로 가장 어두운 시간이었던 그 시간에 이 모든 것을 보셨다. 그래서 우리는 이렇게 말할 수 있다. 그분은 바로 그 시간에 십자가의 길을 걷기 시작하셨다고, 이 세상의 모든 죄와 의심을 단숨에 자기 어깨 위에 짊어지셨다고!

광야의 시간은 또 다른 시간, 곧 태양이 빛을 잃고 성전 휘장이 위에서 아래로 찢어진 시간과 일직선으로 연결된다. 시험하는 자는 한밤의 어둠 속에서 다시 한번 나타나 십자가를 향해 다가간다. 그리고 '하나님'이라는 사실을 놓고 영리한 계산을 마친 후 아주 솔깃한 해법을 내놓는다. "만일 네가 하나님의 아들이라면……거기서 내려오라!" "너, 십자가에 못 박혀 고통스러워하는 자여! 너에게는 사명이 있다는 사실을 모르는가? 그 사명이라는 전제가 있으니, 네가 내려와서 우리를 인도하고 하나님의 나라를 건설하는 것은 너무나 당연한 일이다. 그렇지 않은가?"

"너, 십자가를 따르는 교회여, 박해당하는 무리여, 지금 너는 범죄자요 반체제 인사로 분류되고 있으나 그것은 사실이 아니지 않은가? 전능한 분이 너의 박해자에게 복을 주시고 그들의 승리와 개선 행진 속에서 영광과 찬양을 받으려 하심이 보이지 않는가? 그러므로 여기가 너의 자리다, 교회여! 역사의 명예로운 자리는 하나님과 너와 너의 스승에게 속한 것이다. 이 명예의 자리는 저기, 존경받는 사람들과 우상처럼 추앙받는 사람들이 앉아 있는 저 자리다. 너도 그들 곁에 가서 앉아야 한다. 기쁘게 그들과 어울려도 된다. 하나님이 그들에게 복을 주셨기 때문이다. 이처럼 복을 주심으로써 증명한 것을 전제하면, 그 하나님의 교회인 너도 그들에게 속한 것이 당연하다."

"하나님은 빛의 하나님이다. 그러므로 너는 인생의 양지에서 사는 것이 당연하다. 왕들과 위대한 자들, 현명한 자들과 강한 자들이 있는 곳, 민중의 목소리가 우렁차게 울려 퍼지고 그 목소리를 통해서 말씀하시는 하나님의 음성을 찬양하는 그곳 말이다. 거기가 네가 있어야 할 곳이다. 그곳으로 가라! 하나님이 계시다면, 그다음은 영광이다. 십자가가 아니다. 세상과 조화를 이루는 것이다. 저항과 심판이 아니다. 그러므로 너, 하나님의 아들의 교회여, 내려오라! 내려오라!"

그리고 지금 예수께서는 그 문제 풀이 앞에 계신다. 당황스러울 정도로 깔끔한 해법이 제시되었다. 그러나 그분은 알고 있다. '하나님'이라는 전제에서 출발한 이 해법은(놀라울 정도로 타당한 해법 아닌가!) 그분 안에 있는 '인간'이 간절히 원하는 것이요, 무엇보다 악마가 학수고대하는 것이다. 악마가 가장 간절히 원하는 것은 하나님의 아들이 하나님의 아들 되는 것뿐이다. 그런데 이것은 성공한 혁명가가 꼭두각시 왕을 세워 두는 것과 똑같다. 왕은 그가 시키는 대로 해야 한다. 그는 하나님의 아들이 가진 권능을 자기 손아귀에 넣고, 하나님의 아들마저 그의 장단에 맞춰 춤추게 한다! 악마에게 이보다 좋은 일이 또 있을까?

그는 이토록 기쁘고 화려한 비전을 갖고 있다. 그는 미래를 내다보는 중이다. 가는 곳마다 승리로 가득한 미래다. 그 모든 승리는 바로 지금 그가 거머쥘 한 번의 승리 위에 차곡차곡 쌓이는 승리의 행진이다. 그의 입술이 가만히 움직인다. 이 황홀한 미래의 비전을 말하지 않고서는 견딜 수가 없는 것이다.

"하나님의 아들과 그의 교회가 내 장단에 맞춰 춤을 추다니! 그들이 모두 인생의 양지에 있구나. 성공의 편, 최고의 권력자들 편에 서 있구나. 그리고 모든 것에 종교적 의미를 부여하는구나. 옳거니, 하나님의 아들과 그의 교회가 어떻게 움직여야 하는지를 지시하는 것은 바로 나다. 전능한 자가 무슨 복을 내릴지, 교회는 어디를 향해 '아멘!' 해야 할지는 내가 정한다. 교회란 무엇이며, 그래서 교회는 무엇을 해야 하는지도 내가 정한다. 그것을 토대로 교회의 존재와 가르침, 교회의 공적 활동, 교회와 나라의 관계에 영향을 끼칠 만한 모든 것도 내가 정한다. 그 나라, 곧 세상의 주인은 바로 나다."

19. 악마적인 결론

예수께서는 이 모든 것을 보고 계신다. 악마가 모든 행위를—'하나님'이라는 사실의 토대 위에서—자기 손에 넣으려고 얼마나 애쓰고 있는지 보고 계신다. "하나님이 계시다면……해야 마땅하다"고 말하면서 그 어려운 문제를 너무나 쉽게 풀리는 문제로 보이게 만드는 그의 전략도 꿰뚫어 보고 계신다. 하지만 악마가 허세를 부리고 있다는 사실 역시 보고 계신다. 그분은 알고 계신다. '하나님'이라는 전제로부터 이 악마적인 결론을 끌어내는 악마는 이미 그 전제를 위조해 놓았다!

악마가 생각하는 하나님, 그리고 하나님의 아들은 하나님이 아니라 악마의 원숭이다. 악마가 원하는 대로 뛰고 춤추고 빵을 만들고 십자가에서 내려오는 원숭이다. 그런 하나님은 악마의 주님이 아니라 악마의 하인이다. 악마는 그분을 이용하여 아주 위대한 사건의 흐름을 자기 쪽으로 돌려놓고 그분의 이름을 훔쳐서 일을 벌인다.[8]

그 영리한 전략가는 우상 신[9]을 꼭두각시 인형처럼 끈으로 매달아 춤도 추게 하고 어떤 행동을 지시하기도 한다. 그는 우상 신을 이용해서 사람들을 자기 손아귀에 넣는다. 그는 세상의 권력자들을 종교적으로 높여 주기 위해 신을 민중의 아편으로 '이용'한다. 그는 신을 종교적 접착제로 '이용'한다. 신화적인 종교의 예배 대상으로 '이용'한다. 거기서 인간은 자신의 신성을 경배하고 자신의 영원을 위해 성대한 예배를 드린다. 악마는 이 모든 것을 성경의 언어와 신앙의 언어로 포장하는 데 능수능란하여 그리스도교마저 그런 신화나 아편으로 만들어 버린다. 그는 '이용'하고 또 '이용'하고 끝까지 '이용'한다. 그에게 현혹되어 그를 세상의 주인으로 떠받드는 사람들의 눈은 하나님의 권능마저도 어떤 목적을 위한 수단으로 만들어 버리는 신성모독을 보지 못한다. "만물이 그분에게서 나오고, 그분으로 말미암아 있고, 그분에게로 돌아간다. 그분에게 영광이 영원토록 있을지어다. 아멘!"롬 11:36 그러나 이 진리가 끔찍하게 뒤집혀 버린 것을 그들은 전혀 보지 못한다.

진실로 악마는 교활한 게임을 벌이고 있다. 민중이 하나님을 위해 있는 것이 아니라 하나님이 민중을 위해 있게 되면(당연히 경제가 민중을 위해 있는 것이지 그 반대는 아닌 것과 비슷하게), 민중은 그 사악한 자의 편에 서게 되고, 방탕한 광란의 예배 의식 속에서도 거룩한 말씀을 입에 올림으로써 그 신성모독을 더욱더 영광스럽게 한다.

이것이 시험하는 자가 '만일……'이라는 말로 시작하는 마지막 문장이다. 그리고 이번에는 전제도 맞고 결론도 맞다. 그러나 그는 이 문장을 크게 외치지는 않는다. 승리감에 도취되어 자기 자신에게만 속삭인다. 혹은 그의 어두운 영혼 가장 깊은 곳에 감추어 놓는다. 왜냐하면 '만일……'로 시작하는 이 문장은 그가 시도하는 공격에 내재된 교활한 핵심이기 때문이다. 영리한 전략가는 이 부분을 드러내지 않는다. 이것은 그의 비밀이다. 그리스도께서 여기 광야에 오지 않으셨다면, 십자가에 달리지 않으셨다면, 그 싸움과 고난 가운데 악마의 검은 영혼 속 가장 깊은 데까지 모조리 끄집어내서 온 세상에 환히 드러내지 않으셨다면, 우리는 오늘까지도 그 지점을 알지 못했을 것이다.

우리는 시험하는 자가 던진 첫 번째 질문을 다음과 같이 정리하려고 한다. 시험하는 자는 겉보기에만 '하나님'이라는 사실의 토대 위에 서 있다. 그는 경건한 언어를 써서 하나님과 그분의 아들과 종교에 대해 말하고 있지만, 그것은 '바깥에서' 하는 말에 불과하다. 그곳은 그분을 잘 알고 있지만(그래서 떨지만!) 하나님을 철저하게, 무조건적으로 부정하는 곳이다. 예수를 주님으로 고백하고 하나님의 아들이라 부를 수 있게 해주는 영[고전 12:3]이 전혀 불지 않는 곳, 바로 지옥이다.

지옥의 화염은 모든 개념을 녹여서 개조한다. 하나님은—스리슬쩍—거짓 신이 된다. 그리스도는 악마적인 영광의 종이 된다. 십자가는 완전한 파산이다.

진실로 이것은 단순한 상징 이상이다. 이 시험이 "만일 네가 하나님의 아들이라면……"으로 시작하여 "만일 네가 내게 엎드려 절하면……"으로 끝난다는 사실이야말로 이 이야기의 진정한 낭떠러지다. 이 두 문장은 어둠의 세력이 평화를 위해 내세우는 조건이다. 그러나 보라, 그 세력은 힘을 잃었다.

20. 예수의 순종

"성경에 기록하기를 '사람이 빵으로만 살 것이 아니라, 하나님의 입에서 나오는 모든 말씀으로 살 것이다' 하였다."

마태복음 4:4

예수께서는 시험하는 자의 논리

에 이렇게 맞서신다.

굶주림은 여전히 그분 안에서 아우성치고 있다. 그분이 모든 인간을 대표하는 것처럼, 그분의 굶주림은 인간의 모든 곤경과 염려를 대표한다. 그러므로 그분 안에서 굶주림과 아울러 인간의 모든 곤경이 소리를 지른다. 인간의 모든 질병, 고통, 온갖 어려움, 비참한 감옥, 정신병원, 피비린내 나는 전쟁이 소리를 지른다. 그 모든 것의 무의미함이 소리를 지른다. 헤아릴 수 없이 많은 밤의 눈물이 소리를 지른다.

하나님의 아들이 겪고 계신 굶주림은 지독한 굶주림이다. 그 굶주림에는 인간에게 고통을 안겨 주는 모든 시험의 고뇌가 자리하고 있기 때문이다. 진실로 그분은 이 세상의 고통을 짊어지신다. 십자가의 시간은 시작되었다. 지금이 바로 그 첫 순간이다.

그분 안에서 소리를 지르는 것은 분명 '굶주림'이다. 그러나 그분은 인간이 만든 빵이 그 굶주림을 가라앉힐 수 없으며, 우리를 지탱해 줄 수도 없음을 아신다. 한여름이 되면 우리는 낱알이 여물어 가는 들판을 감사와 경외의 마음으로 걸어간다. 그러나 그 곡식과 밭의 과일들이 우리를 먹여 살리는 것이 아니다. 하나님이 그것들의 도움으로 우리를 먹이고 기르신다. 그것들은 그분의 선한 손에 들린 도구다.

우리는 추수감사절을 맞을 때마다 이 사실을 고백한다. 우리는 농부들이나 대자연에게 감사하는 것이 아니라, 그 사람들과 자연과 온 우주를 허락하신 주님의 크신 은혜에 감사한다. 그분이 손을 펴시고 살아 있는 모든 것을 배불리 먹여 주심을 생각하며 감사한다.[시 145:16; 104:28]

우리는 밭을 갈고
땅에 씨를 뿌리나
자라고 번성하는 것은
하늘의 손에 있도다.
고요한 미풍이 불어오며
슬며시 부드럽게 열리는 하늘이
우리가 집으로 돌아가도 촉촉이 적셔 주니
거기서 자라고 번성하도다.

그분이 이슬과 비,
햇빛과 달빛을 보내 주시고
거기 그분이 주시는 복
부드럽고 멋스럽게 감싸여 있어라.
그 복을 즉시 우리의 밭으로
빵으로 가져다주니
우리의 손을 거치지만
그분이 주시었네.

□ 마티아스 클라우디우스[10]

21. 하나님의 가면

우리가 우리의 손을, 그리고 그 손이 쥐고 있는 양식을 하나님과 혼동한다면, 그것은 악마의 해법에 동조하는 고약한 죄가 될 것이다. 그것은 일용할 양식을 모욕한다. 자녀에게 빵을 주는 아버지마 6:31-32에 대한 믿음이 아니라 빵에 대한 믿음이 은밀히 매복하고 있다. 창조주가 아니라 창조 세계에 대한 믿음, 농부들의 하나님이 아니라 농부들에 대한 믿음도 마찬가지다.

예수께서는 오천 명을 먹이는 표적을 행하신 후에 이렇게 말씀하신다. "내가 진정으로 진정으로 너희에게 말한다. 너희가 나를 찾는 것은 표징을 보았기 때문이 아니라, 빵을 먹고 배가 불렀기 때문이다."요 6:26 참 쓰라린 탄식이다. 인간의 비열한 손이 닿은 표적은 본래의 투명함을 잃어버리고, 인간은 그 표적 뒤에 계시는 주님을 보지 못한다. 그분은 표적을 통해 뭔가 다른 것을 보여주심으로써 하나님을 찬양하고자 하시건만, 인간은 아무것도 아쉬울 게 없는 완벽한 포만감, 노곤한 만족감만 느낄 뿐이다. 그들의 배가 그들의 하나님이다. 그들의 배를 채우는 빵이 하나님이다. 주시는 분이 아니라 주신 선물이 하나님 노릇을 한다.

시험하는 자는 하나님의 선물을 하나님과 똑같이 대한다. 여기서도 그는 사실의 토대 위에 올라선다. 만일 예수께서 돌로 빵을 만드셨다면, 그 순간 그는 기꺼이 이렇게 외쳤을 것이다. "이 빵은 당신이 일으킨 기적이자 하나님이 주신 선물이오(당신은 하나님의 아들이니 마찬가지 아니오?). 그러니 어서 이것으로 당신의 주린 배를 채우시오."

그러나 하나님의 선물에 악마가 작업을 하면 고스란히 악마의 선물이 된다. 그 선물은 하나님으로부터 떨어져 나와 불순종의 표적, 신뢰 없음의 표적이 된다. "굶주린 예수는 하나님보다 빵을 더 의지하겠지. 인간은 하나님의 입에서 나오는 모든 말씀으로 산다는 믿음을 붙잡지 못할 거야. 하나님이 말씀하신 '그렇게 되어라……'에 순종하는 다양한 방법을 따르되 바로 그 말씀이 우리를 돌보고 기른다는 사실은 믿지 못하겠지. 빵은 그 다양한 방법 중 하나에 불과해.[막 8:1-9; 출 16장] 그는 먼저 하나님의 나라와 그 의를 구한 다음, 빵과 생선, 버터, 고기, 보금자리가 '더하여지는' 것[마 6:33]을 기다릴 수 없을 거야. 그렇지, 그는 소심하면서도 탐욕스럽게 그 '더하여진' 선물[11]을 움켜쥐고, 다른 한 손으로는—기왕 하나님의 아들이니까!—덤으로 그 나라를 차지하려고 하겠지. 그러면 그 나라는 정말 지리멸렬인 거야.[막 3:24-26]" 이제 드디어, 이 유혹자는 지옥의 쇠사슬을 끊어 버리고 당당하게 모습을 드러내어 그 나라의 왕위를 찬탈한다. 겉으로는 다른 이를 앉혀 놓지만 실세는 자기인 것이다.

이렇게 되면, 악마는 '하나님'이라는 사실의 토대 위에서 하나님만 위조한 것이 아니라 그분의 선물을 위조하는 데도 성공한 셈이다. 하늘과 땅 사이에 있는 모든 것 중에서—인간의 업적, 고귀한 의지, 창조 세계의 모든 것, 심지어 하나님의 집까지도[벧전 4:17]—악마가 사악한 속임수로 자기 손아귀에 넣으려 하지 않는 것이 없다. 꼼짝없이, 자기 의사에 의해 꼼짝없이, 악마의 세력에게 투항하지 않는 것이 없다.

그런데 악마는 이 영리한 시도의 한복판에서 결정타를 맞는다. 예수께서는 굶주림에서 한 걸음 물러 나와 하나님의 산성, 곧 하나님의 언약이라는 산성에 올라 진지를 구축하시고 그분의 입에서 나오는 모든 말씀을 방어 요새로 삼으신다. 그것뿐이다. 그것으로 악마의 공격을 무찌르신다. 그 말씀에는 모든 사람과 사물을 창조하고 땅의 모습을 새롭게 하는 숨이 불고 있다.[시 104:30]

그 말씀에는 우리의 생각(빵과 생선과 고기에 대한 생각)보다 높은 생각이 있고, 우리의 길(매일의 노동과 염려의 길)보다 높은 길이 있다.사 55:8 이하 물론 우리는 그 길과 생각을 알지 못한다. 그러나 하나님은 그 길과 생각으로 우리를 인도하신다. 우리는 하나님이 우리를 언제, 어디서, 어떻게 먹여 주시는지 알지 못한다. 우리는 산이 움직이고 언덕이 흔들리는 것사 54:10 만 보든지, 분노로 가려진 얼굴사 54:8 만 본다. 우리는 오로지 굶주림만 보고 배고픔만 느낄 것이다. 그러나 우리는 하나님이 이끄시는 목적지를 알고 있으며, 믿는 자에게 주시는 언약을 알고 있다. 그분이 어떤 길을 가시든, 어떤 방법을 사용하시든, 또 그분의 사랑이 암울한 구름에 가려져 있는 것처럼 보인다 할지라도롬 8:35, 38-39 결국 그분은 사랑으로 평화의 언약을 지키신다.사 54:10 그분은 인간의 모든 방황에도 불구하고 결국 그분의 왕좌에 앉으셔서 사랑으로 구원의 역사를 완수하신다.고전 15:28 그분은 우리의 뺨을 붉고 신선하게 만드시는 분, 소들에게 초원을 주시고 아이들에게 빵을 주시는 분, 자녀들에게 뱀이 아니라 생선을 주시는 분, 돌이 아니라 빵을 주시는 분이다.마 7:9

하나님은 우리가 그분이 주신 수단에 의존하는 것을 원치 않으신다. 그것은 우리를 배부르게 하려고 주신 것에 불과한데, 우리가 거기 매달려 오직 빵으로만 살 수 있다고 생각하는 것을 원치 않으신다. 하나님은 우리가 그분 자신을 의지하길 원하신다. 사랑스러운 자녀들처럼 그분을 믿고 그분께 이렇게 노래하길 원하신다. "당신께는 아무런 부족한 것이 없나이다"(파울 게르하르트).[12] 그분이 원하시는 것은 그 아들이 악마에게 말씀하신 것, 바로 그것이다. 우리가 하나님의 약속을 철저하게 믿고, 아버지 하나님의 선하신 계획에 순종하는 것이다. 다시 말하면, 우리가 빵으로 사는 것이 아니라, 우리에게 빵과 생명을 약속하시고 가을 들판에 황금물결이 일게 하시는 하나님의 말씀으로 사는 것이다.

22. 염려의 영

그래서 우리는 굶주림 속에서, 도무지 출구가 보이지 않는 상황에서, 정치적으로나 교회적으로나 개인적으로 돌파구가 보이지 않는 상황에서, 숨 막힐 정도로 갑갑한 국제 정세 속에서 살아갈 때도 소심한 믿음에 빠지거나 앞으로 나아갈 길을 염려하지 않고 견뎌 내는 것이다.[13] 그래서 우리는 일렁이는 파도 위를 걸으면서도 소심해지지 않으며, 구명 튜브나 다른 수단을 바라보고 거기에 희망을 두다가 물속으로 가라앉지도 않는다.마 8:25; 14:22 이하

우리의 삶을 끊임없이 뒤쫓아 다니는 염려의 영은 소심한 믿음, 속이는 믿음의 영이다. 염려란 언제나 우리가 그 염려에서 벗어나기 위해 의지하는 수단과 관계된다. 우리는 생계 수단을 얻으려고 걱정하고, 재정적인 수단과 정치적인 수단을 붙잡으려고 걱정한다. 막다른 길에 놓인 상태에서 그것을 유일한 탈출구로 여기는 것이다. 그런 인간은 오직 빵으로만 산다. 염려란 무엇인가? 그 수단을 경배함이다. 빵을 경배하는 일, 혹은 이 세상의 빵을 지배하는 자들, "빵 바구니를 더 높은 곳에 걸어 두는" 자들을 경배하는 일이다.

이제 우리는 어째서 염려가 소심한 믿음이며 속이는 믿음인

지를 분명히 알게 된다. 종교적 영역에서 일어나는 우상숭배의 특징이 우리의 일상에서도 똑같은 모습으로 나타난다. 그것은 창조주가 아니라 창조물을 숭배하는 것이다. 도와주시는 분이 아니라 도움을 숭배한다. 주님이 아니라 수단을, 의사가 아니라 의약품을, 돌보시는 아버지가 아니라 빵을 섬긴다. 어디서건 근본적 원인은 소심한 믿음과 우상숭배다. 하나님을 문밖으로 몰아내면 귀신들이 창문으로 들어온다. 염려의 귀신들과 다른 신들이 기어든다.

신들을 모셔 놓고 섬기는 것은 경건한 일 아닌가? 그러나 그때 우리 곁에 무릎 꿇고 있는 것은 그 사악한 존재다. 빵을 만들어 내고(물론 하나님의 이름으로!) 그것을 잘 섬기는 것도 경건한 일 아닌가? 그러나 사악한 자는 그 빵을 하나님으로 만들고 거룩한 몸짓으로 그 빵을 들어 하나님의 자리에 앉힌다. 하나님이 자녀들에게 떼어 주시려던 빵으로 하나님을 쳐 죽인다. 이것이 염려의 이마에 그려진 가인의 표다.

23. 우리 안의 최전선

예수의 말씀은 위대한 고백이다. "하나님의 언약, 오직 그것만이 나를 지켜 주십니다. 나는 그 언약을 믿으며 빵은 보지 않습니다. 그렇습니다! 나는 배가 너무 고픈데 빵이 보이지 않습니다. 목이 너무 마른데 물이 보이지 않습니다. 나를 믿는 사람들이 보이지 않습니다. 그러나 나는 그들에게 하나님의 나라를 안겨 줄 것입니다."

"아브라함이 그랬던 것처럼, 나에게도 조국이 없습니다. 나와 가까운 사람도 없고 자녀도 없습니다.창 12:1 이하 그러나 나는 당신의 언약을 믿습니다. 당신은 나에게 바닷가의 모래처럼, 하늘의 별처럼 많은 자손을 주리라고 약속하셨습니다. 오직 당신의 말씀만이 나의 근심과 희망을 인도하십니다. 사랑하는 나의 아버지, 오직 당신의 언약, 오직 당신의 은혜가 나의 전부입니다. 언제나 당신만이 나의 희망입니다!"창 15:2

예수께서는 빵이 아니라 언약을 믿으신다. "하나님의 입에서 나오는 모든 말씀"을 믿으신다. 만일 그 말씀이 극한 굶주림에 빠져 있는 그분에게 빵을 선사한다면, 그분은 하늘을 우러러 감사하시고 기쁨으로 그 빵을 떼어 드실 것이다.[14] 그러나 동일한 그 말씀이 빵을 주지 않는다면, 그분은 계속 굶주리면서도 하나님의 언약을 신뢰하실 것이다. 하나님이 자신을 향한 위대한 계획을 갖고 계시니 굶주려 죽지 않으리라고 믿으실 것이다. 하나님의 살아 있는 말씀, 오직 그것만이 이 시간의 주인이다. 예수께서는 그 말씀으로 사신다.

그러자 여기서 신비롭고 놀라운 진리가 드러난다. 예수께서 하신 일이라고는 그 말씀이 직접 악마와 맞서도록 한 것뿐이다. 그 이상은 한 것이 없다. 야전 사령관을 따르는 충실한 부하의 모습일 뿐이다. 특별한 담대함을 보여준 것이 아니다. 굶주림을 견뎌 내는 특유의 강인함이 부각되지도 않는다. 그분이 시험하는 자에게 맞서서 보여주신 모습은 남다른 투지와 호전성이 아니다(그 시간, 그분에게도 이런 모습은 얼마든지 나타날 수 있었을 것이다. 누가 부정할 수 있겠는가?). 그런 것은 '혈과 육'이니 그것으로는 악마에게 맞설 수 없다. 이 시험이 다른 모든 싸움과 구별되는 것은, 그것이 인간의 내면에서 일어나는 싸움이라는 사실이다. 이 시험은 인간의 마음을 양대 전선으로 갈라놓는다. 예컨대 이번 시험의 경우, 한쪽에는 언약에 대한 신뢰, 하나님의 신실하심에 대한 신뢰가 하나의 전선을 이루고 있다. 반대쪽에는 의심의 질문이라는 전선이 있다. “하나님이 자신의 언약을 정말 그런 식으로 이해하실까? 네가 여기서 계속 굶어야 한다고? 아냐, 오히려 너에게 빵을 약속하셨다고 봐야 하지 않을까? 지금 네가 해야 할 일은 그냥 저 돌들을 향해서 ‘빵이 되어라!’ 하고 외치는 것 아닐까?”

흔히 말하는 전투와 사뭇 다르다. 일반적인 전투에서는 우리가 한쪽 전선에서 버티고 있으면 반대쪽 전선이 우리를 향해 진격해 온다. 우리는 여기 있고 그들은 저쪽에 있다. 여기에는—예컨대!—우리 그리스도인들이 있고 저쪽에서 적그리스도 무리가 몰려온다. 여기에는 세상에서 빠져나온 우리가 있고 저쪽에는 세상이 있다.

그렇다! 그런 싸움이라면 담대함과 투지가 도움이 될 수도 있다. 물론 그래 봐야 폼페이의 병사들이 전쟁을 준비하는 꼴이겠지만![15]

하지만 여기서는 상황이 완전히 다르다. 저 바깥에서 진격해 오지 않는다. 모든 것은 바로 이 자리, 우리의 가슴 한복판에서 진격을 개시한다. 적그리스도는 그 안에 있다. 세상도 그 안에 있다. 그들과 우리가 대치하고 있는 최전선은 우리 자신의 심장을 가로지른다. 우리가 곧 세상이며 동시에 하나님의 나라다. 우리는 의로우며 동시에 죄인이다. 정말 그렇다. 우리는 처음부터 시험을 당하고 있는 존재다. 시험하는 자는 처음부터 우리 마음속에 있다. 그는 원수가 아니라 친구로 다가온다. 그는 진작부터 열쇠와 출입증을 훔치고 우리의 신뢰를 훔쳐서 간직하고 있다. 그래서 언제나 우리 안에 들어와 있다. 그는 과거에도 '하나님'이라는 사실의 토대 위에 있었고 지금도 마찬가지다. 그는 우리도 이미 한번 생각해 본 적이 있는 것과 똑같은 말을 친절하게 속삭여 준다. "하나님이 정말 그렇게 말씀하셨을까? 다른 의미로 그렇게 말하신 것 아닐까? 그분의 말씀을 너처럼 그렇게 글자 그대로 받아들이는 대신, 이런 일 저런 일을 하면 그게 다 그분의 말씀과 통하는 것 아닐까?"

그것이 전부가 아니다. 시험하는 자는 우리 자신의 마음속에 훨씬 더 깊이 들어와 있다. 그래서 그의 목소리는 우리 마음의 목소리와 구별되지 않는다. 우리 몸속을 돌아다니는 피의 속삭임, 피의 중얼거림과 구별되지 않는다. 그는 그렇게까지 깊이 우리 안에 들어와 있다. 그리스도께서 우리 안에 계시고 우리가 그분 안에 있는 것처럼, 그렇게 우리 안에 있다. 물론 우리는 한 주인만 섬길 수 있다.마 6:24

24. 우주적인 연극

우리처럼 격변의 시대를 살아가는 그리스도인들이라면, 자신의 믿음과 신실함이 마치 모래처럼 손가락 사이로 다 빠져나가 버려서 아무리 세게 주먹을 쥐어 봐도 아무것도 붙잡을 수 없는 경험을 이미 여러 번 해보았을 것이다. 아니, 어쩌면 계속해서 그런 경험을 하게 될지도 모른다. 이러한 우리의 모습이 달라질 수 있을까? 자기가 속한 군대의 깃발을 꽉 붙들고 그 깃발과 함께 일어서고 함께 쓰러지겠노라고 맹세하는 군사처럼, 진심으로 그렇게 맹세하는 사람처럼 우리도 그 동일한 충성을 하나님께 바칠 수 있을까? 그럴 수만 있다면, 그리스도인이 된다는 것은 얼마나 간단한—혹은 얼마나 어려운—일일까! 하지만 실제로는 결코 그렇지가 않다. 이 지점에서는 그와 같은 충성이 불가능하다. 우리의 힘으로는 더더욱 안 된다. 절대로 안 된다! 그런 신화와 제의는 하나같이 우리의 신화요 우리의 제의다. 지금 여기서 고동치는 것은 우리의 심장이다. 신학적인 표현을 빌리면, 지금 여기서 목소리를 높이고 있는 것은 '본래적' 인간, 곧 우리 안의 아담이다. 우리 마음속에서 속삭이는 그 목소리의 주인공이 저쪽 적그리스도의 전선, 인간 신화의 전선으로부터 우리를 향해 더 크고 조직적인 모습으로 다가온다. 그것이 이쪽에 도착해서 깃발이 되고 공식적인 고백(문)이 된다.

그러므로 혈과 육으로는 이 싸움에서 버텨 낼 수 없다. 전선은 뭉개져 버리고 이 세상은 하나님과 악마 사이의 어스름한 빛 속에 있다.

시험의 낭떠러지는 우리 앞이 아니라 우리 안에 크고 어둡게 펼쳐져 있다. 그러므로 우리가 하나님께 신실할 수 없고 하나님이 우리에게 신실하셔야 한다. 우리가 그분의 손을 잡을 수 없고 그분이 우리의 손을 잡아 주셔야 한다. 우리가 그분을 위해 싸울 수 없고 그분이 우리를 위해 싸우셔야 한다("힘센 장수 나와서 날 대신하여 싸우네!"). 우리가 하나님을 사랑할 수 없고 그분이 먼저 우리를 사랑하셔야 한다.요일 4:19 이 모든 일이 우리에게 일어난 후에, 측량할 수 없는 은혜가 우리에게 닥쳐온 후에, 하나님이 우리에게 자신의 신실함을 드러내시고 영원한 생명을 허락하심으로 이 비참한 땅에 성탄절이 생겨난 후에, 그 후에 비로소 우리는 이렇게 말할 수 있다. "우리가 하나님을 사랑하자!"요일 4:19 "죽도록 충성하라!"계 2:10 "너의 영과 너의 몸으로 하나님을 찬양하라!"고전 6:20 "믿음의 방패를 손에 들고 악한 자가 쏘는 모든 불화살을 막아 꺼 버려라!"엡 6:16 보라, 이 모든 일이 우리에게 일어났도다!

우리의 혈과 육은 아무런 힘이 없다. 그래서 예수께서는 우리 자신의 이름으로 악마와 맞서려 하지 말고 우리를 도우시는 분을 찾으라고 가르치신다. 그분은 우리에게 이러한 기도를 가르치신다. "우리를 시험에 들지 않게 하시고, 악에서 구하여 주십시오." 도우시는 분이 우리를 지키시고 우리를 대신해 싸우셔야 한다. 그때 우리는—그제야 비로소!—그분의 뒤를 따라 전진하는 충성스런 군사가 될 수 있다. "무익한 종, 가만히 서서, 사령관께서 앞서 나가시는 것을 보네."[16]

시험하는 자에게 맞서서 예수께서 하신 말씀의 진정한 깊이가 여기서 분명하게 드러난다. 그분은 자신이 직접 겪으신 시험, 거대한 두 세력이 맞부딪히는 치열한 싸움, 굶주림과 죽음의 낭떠러지, (겉으로는 순종하는 것처럼 보이지만) 불순종의 낭떠러지, 이 모든 것의 한복판에서—그야말로 "깊은 곳에서"de profundis [17]—하나님의 말씀을 불러내신다. 하나님의 언약을 무대 위로 불러내신다. 그 말씀이 악마를 포박하고, 그분은 완전한 신뢰 가운데 그 말씀의 그늘 속으로 들어가신다. 그분은 빵이 보이지 않는 그곳에서도 하나님을 신뢰하신다.

25. 우리의 간구, 하나님의 위대하신 뜻

이로써 예수께서는 극한 고통 속에서도 하늘 아버지를 신뢰하는 길을 우리에게 몸소 보여주셨다. 한 걸음 더 나아가 그분은 우리의 삶과 기도를 동일한 신뢰 위에 세워 놓는 법을 가르쳐 주신다.

이제 우리는 일용할 양식을 달라고 기도할 수 있다. 곤경에서 벗어나게 해달라고 기도할 수 있다. 이 모든 문제를 앞에 놓고 하늘에 계신 우리 아버지께 말씀드릴 수 있다. 그래도 된다. 우리는 그분이 우리를 도우실 방법을 말씀드릴 수 있다. 당장 우리의 눈에 보이는 방법을 말씀드릴 수 있다. 배고플 때는 양식을, 일할 곳이 없어 두려울 때는 일자리를, 스트레스가 심할 때는 평온함을, 아플 때는 건강을, 외로울 때는 친구를 구할 수 있다. 이 모든 것을 하나님께 간구할 수 있다. 아이들이 자기 아버지에게 말하듯 그렇게 그분께 털어놓을 수 있다. 그러나 예수께서는 우리의 모든 기도에 앞서 항상 유념해 두어야 할 밑그림을 하나 제시하신다. "당신의 뜻이 이루어지이다!" 언제나 여기서 우리의 기도가 시작되어야 한다. 그리고 딱 한 가지 조건을 명심하라고 가르치신다. "만일 아버지의 뜻이라면……."[눅 22:42] 그런 다음에는 무엇이든 용감하게 기도할 수 있다. 돌이 빵이 되게 해달라는 대담한 기도도 할 수 있다.

"당신의 뜻이 이루어지이다!"라는 기도는 아무래도 우리가 방금 기도했던 것, 혹은 기도하려고 했던 것을 가만히 취소하는 게 아닐까? 그렇지 않다. 예컨대 "하나님 아버지, 기도를 하고 나니 마음이 편치 않습니다. 당장 눈앞에 보이는 문제만 놓고 기도했습니다. 차라리 그 기도를 거두어들이렵니다. ……네, 아버지, 나는 빵을 포기합니다. 나의 작은 바람으로 당신의 뜻을 가둬 두어서는 안 되지요. 나의 작고 작은 문제를 훌훌 벗어나 당신의 뜻이 크고 높이 솟아올라야 하리니!" 반드시 이렇게 기도해야 하는 것은 아니다.

"당신의 뜻이 이루어지이다!"는 오히려 이런 기도다. "당신은 나의 기도를 내가 생각하는 것보다 더 잘 이해하십니다.롬 8:26 당신은 내게 굶주림이 필요한지, 빵이 필요한지 가장 잘 알고 계십니다. 어떤 것이든 나는 이렇게 말할 것입니다. '그렇습니다, 주님!'마 15:27 어떤 일이 닥쳐와도 나의 간구와 이해를 뛰어넘어 당신의 뜻이 내게 이루어짐엡 3:20을 고백할 것입니다."

"당신의 뜻이 이루어지이다!" 이 세 마디로 기도할 때, 우리는 주님이 광야에서 하신 말씀을 그대로 말하는 것이다. "나는 하나님의 말씀으로 산다. 나는 그분의 언약이 어떤 모습으로 이루어지든지 그 언약으로 산다. 돌이 빵이 되든지, 혹은 돌이 그냥 돌로 남아 있든지, 한밤중에 갑자기 도움이 찾아오든지 나는 그 언약으로 산다."

그 세 마디로 기도한다는 것은 이런 뜻이다. "주님, 나는 당신의 뜻으로 삽니다. 이 뜻은 주님의 언약을 이루시는 것임을 내가 압니다. 그렇습니다, 주님! 당신의 뜻은 곧 언약입니다. 그러므로 나는 빵으로만 살지 않습니다. 나는 내게 가장 좋은 것을 구했습니다. 주님이 내게 생명을 주시고 일용할 양식을 주시기를 간구했습니다. 좋으신 주님, 온 마음으로 기도하오니, 당신의 그 뜻이 내게 가장 좋은 것이 되게 하소서. 나의 굶주림과 나의 빵도 가장 좋은 것이 되게 하소서![롬 8:28] 나의 기도가 이루어질 줄로 믿습니다."

예수께서는 우리에게 가르쳐 주실 기도를 광야에서 몸소 보여주신다. 그분은 하나님의 입에서 나오는 모든 말씀으로 사신다. 하나님의 뜻이 이루어짐으로써 사신다. 그분은 언약으로 사신다. 그분이 악마에게 하신 말씀은 이것이다. "보라, 나는 나를 살게 하시는 그분을 무대 위로 모신다. 너는 내가 아니라 그분과 상대해야 한다. 그분은 태양이요 방패이시다.[시 84:11] 보라, 나는 너의 빵이 아니라 철저하게 그분으로 산다. 그렇기 때문에, 오직 그렇기 때문에 나는 하나님의 아들이다. 하지만 너는 그것을 결코 이해하지 못하리라. 하긴, 네가 어찌 이해할 수 있겠는가!"

두 번째 시험: 자기과시의 부추김

그때에 악마는 예수를 그 거룩한 도성으로 데리고 가서, 성전 꼭대기에 세우고 말하였다. "네가 하나님의 아들이거든, 여기에서 뛰어내려 보아라. 성경에 기록하기를 '하나님이 너를 위하여 자기 천사들에게 명하실 것이다' 그리고 '그들이 손으로 너를 떠받쳐서, 너의 발이 돌에 부딪치지 않게 할 것이다' 하였다." 예수께서 악마에게 말씀하셨다. "또 성경에 기록하기를 '주 너의 하나님을 시험하지 말아라' 하였다."

마태복음 4:5-7

26. 하나님의 명예, 그분 말씀의 명예

겉보기에 악마의 말은 아주 경건하다. 그는 '하나님'이라는 사실의 토대 위에서 한 걸음 더 나아간다. 이제는 하나님의 아들의 명예("네가 하나님의 아들이라면, 너는 이런저런 모습을 보여야 하는데……")만이 아니라 하나님 자신의 명예를 겨냥한다. "하나님이 너를 위하여 자기 천사들에게 명령하실 것이다."마 4:6 우리는 하나님의 이러한 권능을 존중해야 마땅하다. 시험하는 자의 논리를 따르자면, 하나님의 권능이 '작동하도록' 하고 그 권능이 '드러나도록' 해야 하는 것이다. 시험하는 자가 이렇게까지 하나님을 신경 쓰고, 이렇게까지 하나님의 명예에 큰 비중을 둔다는 말인가? 그러나 이것이 전부는 아니다. 악마는 거기서 더 나아가 하나님이 직접 하신 말씀을 가지고 자신의 질문을 보강한다. "성경에 기록하기를……." 시 91:11-12 이보다 더한 것이 있을까?

예수께서 이 말에 선뜻 반응하지 않을 이유가 있을까? 첫 번째 물음과는 달리 이번에는 언약의 말씀과 상충될 것이 없다! 그렇게 하기만 하면, 오히려 하나님의 언약을 대대적으로 증명하고 드러내는 기회가 될 것이다. 왜 뛰어내리지 않는가? 왜 산을 향해 명령하지 않는가? "여기에서 저기로 옮겨 가라!" 마 17:20; 고전 13:2. 왜 십자가에서 내려오지 않는가? 그래야 '하나님께 더 큰 영광' ad majorem Dei gloriam 이 될 것 아닌가!

그러나 이 모든 것은 악마의 질문일 뿐이다! 어째서 그런가? 악마가 경건한 몸짓과 거룩한 언어를 총동원하여 모든 행위의 법칙을 자기 것으로 만들려고 한다는 사실, 하나님의 '공명심'을 자극하여 하나님의 권능을 주무르려고 한다는 사실에 대해서는 더 이상 논의할 필요가 없다. 이 전략은 이미 극복되었고, 그래서 두 번째 질문에서는 완화되어 있다. 물론 이 전략은 여전히 은밀하게, 어리숙하면서도 교활한 형태로 스며들어 있다.

그러나 이제 우리는 또 다른 것을 조심해야 한다. 영리하고 경건하게 하나님의 권능에 눈독을 들이고 다가오는 두 번째 질문 앞에서 우리가 유념해야 할 점은 바로 이것이다. '그런 권능의 하나님은 없다. 그런 하나님은 인간이 고안해 낸 우상에 불과하다.' 악마가 말하는 권능의 하나님은 편리한 신이다. 그 신은 권능을 가지고 있고, 우리에게는 그 권능이 필요하다(혹은 우리가 하나님으로 하여금 그 권능의 길을 가게 하면 된다). 지금 악마는 권능의 하나님을 그런 식으로 이용하고 있거나 이용하려고 한다.

27. '권능의 신'을 숭배하는 자들

권능의 신을 숭배하는 자들을 보면 우리는 금방 그 이유를 알 수 있다. 그 어리석은 자들은 마음속으로 이렇게 말한다. "하나님은 없는 거나 다름없어. 존재하는 것은 오로지 권능의 신이지."시 14:1; 53:1 우리 주변에는 어디나 그 신의 숭배자들이 있다. 이미 우리는 어디선가 그런 사람들과 이야기를 나눠 보았을지도 모른다. 단골손님으로 북적이는 식당이나 카페, 소모임, 대규모 집회, 어디서든 그들의 목소리를 들을 수 있다.

그들이 믿는 신은 높은 곳에 있는 숭고한 분으로서 모든 인간적인 면을 뛰어넘는 존재다. 그들의 신은 말을 한다든지, 그래서 어떤 기록을 남기게 한다든지 하는 그런 인간적인 신이 아니다.

그들이 믿는 권능의 신은 이 세상의 하찮고 모자란 종족들이 인격적이면서 인간적 결점까지 공유한 신과 밀착하여 막역한 관계를 맺고는 스스로를 그의 "종",창 18:3; 계 22:3 "자녀",사 45:11; 히 12:5 "친구",출 33:11; 약 2:23 "아들"신 1:31; 계 21:7이라고 부르는 꼴을 내려다보며 가소로워한다.

그러나 이러한 '권능의 신'과 그의 친구들은 극도로 의심스럽지 않은가? 권능의 신의 초월성은 순식간에 팽창하여 거인과 같은 모습이 되고, 우리가 일상적인 삶이라 부르는 것을 완전히 초월한다. 그런 신은 참새나 머리카락이나 백합에게 관심이 없다. 우리 마음의 생각에도, 은밀하거나 공공연한 혁명에도 관심이 없다. 의지나 업적에도 관심이 없고 한낮의 빛 앞에서는 감추어져 있어야 할 많은 것들에도 관심이 없다. 물론 그 신은 잠을 자거나 산보를 나가지도 않고 시를 쓰지도 않는다.왕상 18:27 그는 아득히 높은 곳에 있는 숭고한 신이다.

그래서 권능의 신을 숭배하는 자들의 삶은 신기하게도 그 신으로부터 거의 영향을 받지 않는다. 아니, 전혀 영향을 받지 않는다. 그들은 살면서 자신들의 신을 거의 느끼지 못한다. 모든 권능을 소유한 신이 어째서 그렇게 영향력이 없을까? 음울한 일상을 살아가는 신자들에게 어떻게 그렇게까지 비중이 없을까? 특별한 명절을 맞았을 때나 우연히 분위기가 뜨겁게 고조되었을 때—실제로 그런 것인지 연출된 것인지 모르지만—고작 그런 순간에나 신의 이름을 부름으로써 그 분위기에 천상의 배경을 깔고 황금빛 광채를 드리우고 성스러운 효과를 내는 수준이다. "별이 가득한 저 하늘 너머에 우리의 하나님이 거하시도다!"[18] 어쩌다 이렇게 되었을까? 그 신의 존재란 고작 인간들이 이미 시작해서 마무리까지 해놓고 이제 최종 허가만 기다리고 있는 사업에 '섭리'라는 이름으로 동의 사인이나 해주는 존재다. 어쩌다 이렇게 되었을까? 그 신은 인생의 결정적인 순간에 강력한 의지, 율법, 심판으로 경험되지 못한다. 일이 다 끝난 다음에 추가적으로 그의 동의를 가져와 큰 목소리로 선포하는 정도다. 이미 완벽하게 처리된 하나의 사건, 성공적으로 마무리된 행복한 사건, 그래서 불안의 요소가 전혀 없는 사건을 그가 승인해 준다. 경건하고 겸손한 태도를 보이기는 하지만, 사실은 오로지 내가 나 자신의 판단에 따라 계획하고 다른 누구의 말도 듣지 않고(특히 저 위에 있는 알 수 없는 초월적 존재의 개입은 더더욱 고려하지 않고!) 밀어붙인 일을 그대로 승인해 줄 뿐이다. 어쩌다 이렇게 되었을까?

'종교의 영역'에서 신의 숭고함이란 언제나 그 신자들이 아무 방해도 받지 않고 지내는 것을 의미한다. 예배 중에 드리는 기도의 감추어진 속뜻은 '나를 그냥 내버려 두십시오!"이다. 어쩌다 이렇게 되었을까?

권능의 신을 숭배하는 사람들은 항상 이런 생각을 한다. '우리의 신은 저세상을 다스리시는 분이야(거기서는 대접을 잘 받으실 테고……). 이 세상은 우리가 잘 만들어 가야지.' 그들은 이렇게 믿는다. '내 손에 쥔 이 세상의 참새가 지붕 위에 있는 저세상의 비둘기보다 낫다.' 어쩌다 이렇게 되었을까?

그렇다! 권능의 신을 숭배하는 사람들은 이 세상의 현실을 어느 정도 파악하고 있다. 그들은 자신들의 신을 가지고 계산을 한다. 넣기도 하고 빼기도 한다. 그 신을 이용하여, 본래는 위험스러운 폭발력을 가지고 있는 인간의 종교적 고민을 진정시키기도 한다(먹고사는 문제를 제외하면, 종교 문제만큼 인간의 역사를 채찍질하여 앞으로 나아가게 한 것이 없음을 우리는 역사적 경험을 통해 알고 있지 않은가?). 그들은 권능의 신을 아편과 함께 섞는다.

광야의 악마도 그 숭고함의 신, 권능의 신을 알고 있는 것 아닐까? 충분히 그렇게 의심해 볼 만한다. 그래서 악마는 쾌활하게 그 신을 부르며—이러한 겉모습이 고스란히 속마음이라면—그 신에게 아무런 거리낌을 느끼지 않을 것이다. 그런 신의 보호 아래서는 악마로 존재하는 것이 전혀 불편하지 않아 보인다. 도대체 왜 그럴까? 그런 숭고한 신이라면, 악마 하나쯤은 얼마든지 거느릴 능력이 있지 않을까? 숭고함이란 무엇보다 모든 가능성을 포괄한다는 의미다. 그렇다면 악마, 곧 악의 가능성이 끼지 못할 이유가 없다. 선과 악, "진실과 거짓은 똑같이 인류의 나무에 달려 있는 색깔만 다른 꽃이다."[19] 그렇다면 하나님이라는 나무에는 얼마나 다양한 꽃들이 피겠는가? 메피스토펠레스[20]도 주인을 잘 따르는 하인이 아니던가?

바로 이것이다. 인간은 이 숭고한 존재, 권능의 신 앞에서는 아주 평화롭다. 아무런 방해도 받지 않는다. 그는 편리한 신이다. 지쳐 있을 때 우리 모두는 그런 신의 존재를 원한다. 거칠고 난폭한 시간, 거침없이 폭발하는 시간에도 그런 신이 필요하다. 우리의 피가 미친 듯이 끓어오르고 우리의 모든 신경이 확 달아올라 있을 때 어떤 신도 우리를 방해해서는 안 된다. 이때가 인간에게서 권능의 신이 탄생하는 순간들이다. 우리가 그 출산의 진통으로 덜덜 떠는 순간들이다.

악마는 자신이 이런 신 앞에서 편안한 이유를 알고 있다. 사람을 시험할 때 이런 신을 넌지시 소개하는 이유도 바로 그것이다. 악마는 모든 종교의 근원적 법칙을 알고 있다. 어쩌면 그가 직접 그 법칙을 만들어 냈는지도 모른다. 우리 주변이나 우리의 내면을 살펴보면 천 번이고 만 번이고 그 법칙이 옳다는 것을 인정할 수밖에 없다. 그 법칙은 이렇게 요약될 수 있다. 인간의 신이 '숭고하면' 할수록 그의 구속력은 약해진다. 그 숭고함의 정도가 크면 클수록 그는 점점 더 구속력이 없는 신이 된다. 인간은 그 앞에서 두려움을 느낄 필요가 없다. 그는 이 땅의 문제에 개입하지 않는다. 그런 신은 화려하게 치장된 언어일 뿐, 하나의 결정적인 행위의 근거가 되지 못한다. 정열이 타오를 때마다 부풀어 오르는 것, 방울이 흔들릴 때마다 딸랑이는 것에 불과하다.

그러나 주 하나님은 이런 권능의 신이 아니다. 우리가 온갖 화려한 말로 높이지만 사실상 전혀 구속력이 없어서 오히려 다행스럽게 생각하는 '숭고한 존재'와는 완전히 다른 분이다. 우리의 하나님은 하나의 거룩한 의지를 가진 분이다. 그분은 몸으로 생생하게 다가오시는 왕이다.

하나님과 우리의 관계는 비인격적인 물리적 역학 관계가 아니다. 단순한 힘의 비율 관계가 아니다. 그분과 우리의 관계는 무한한 에너지와 최소 에너지의 관계가 아니다. 크신 권능과 조그만 아이의 관계가 아니다(만일 그런 관계였다면, 예수께서 그 신적인 전능을 기꺼이 받아들여 성전에서 뛰어내리는 기적을 보이지 않을 이유가 없었을 것이다).

그처럼 아무런 구속력이 없는 중립적인 역학 관계는 존재하지 않는다. 하나님과 우리의 관계는 요구하는 분과 그 요구 앞에 선 자의 관계다. 거룩하신 분과 거룩하지 않은 우리의 관계다. 심판자와 심판 앞에 선 자의 관계다. 아버지와 자녀의 관계다.

28. 하나님의 의지와 권능

우리가 '인격적인 하나님'에 관해 말하지만, 이 모든 것은 어느 정도 추상적인 언어다. '인격적인 하나님'이란 우리에게 인격적으로 다가오시는 하나님을 의미한다. 이 말은 아무런 구속력이 없는 중립적인 힘의 하나님, 오로지 '전능'하기만 한 하나님과 구별되는 표현이다. 그 중립적인 힘의 신과 주 하나님의 무한한 거리를 가장 분명하게 느낄 수 있는 방법은 우리가 이런 생각을 하는 것이다. '주 하나님은 의지다. 인격적인 의지, 우리에게 요구하시는 의지다.' 그러므로 우리는 그분께 이렇게 간구한다. "당신의 의지(뜻)가 이루어지이다." 힘과 힘이 겨루는 게임을 무덤덤하게 구경하는 사람들처럼 "결국 신의 섭리대로 되는구나!"라고 말하지 않는다.

악마는 하나님의 의지에 관해서는 침묵을 지킨다. 그 의지를 증오하기 때문이다. 그는 그 의지를 절대로 따르지 않는다. 그는 하나님 '아래' 서는 것을 거부한다. 그는 오로지 하나님이라는 사실 '위'에 서 있다. 혹은 '바깥에서' 영리한 관찰자, 계산자, 책략가로 서 있다. 그래서 권능의 하나님만을 말한다. 아무런 구속력도 없는 하나님, 그가 마음대로 할 수 있는 하나님 말이다. 하나님의 의지에 관해서 침묵하는 것도 이 때문이다. 그 완전한 의지는 우리를 압도하고 우리를 주도한다. 우리는 결코 그 의지를 마음대로 할 수 없다. 악마는 하나님의 이런 의지야말로 자신에게 가장 위험한 구역이라는 사실을 알고 있다. 그는 자신이—원래 악마인 자신이—이 의지 아래서 비로소 완전하게 악마가 된다는 사실, 아주 확실하게 적대자 역할을 맡아야 한다는 사실을 알고 있다. 그 거룩함 앞에서 악마는 비로소 진짜 악마가 된다. 그 율법 앞에서—몸으로 생생하게 다가오는 왕이신 하나님 앞에서—죄는 비로소 진짜 죄로 드러난다.롬 7:13 하나님의 아들 앞에서 악마는 두 배로 극렬하게 발악한다.마 8:29 이 의지 아래서 '게임'은 끝난다. 이 의지 아래서 모든 것이 지독할 만큼 진지해지고, 우리의 삶은 무시무시한 구속력을 지닌 것이 된다. 그래서 인간은—악마도 그렇게 생각하는데—이 의지를 거머쥐어야 한다. 그 권능을 손에 쥐고 지배해야 한다.

여기 이 광야에 그 계획을 이룰 수 있는 최고의 기회가 있다. 하나님의 아들에게 '거룩한 의지'에 관해 말하는 것은 어리석은

짓, 너무나 염치없는 짓이다. 악마는 생각한다. '설교는 내 스타일이 아니야. 자칫 잘못하면 내가 가장 중요하게 감추어 놓은 패를 들킬 수도 있어…….' 그래서 악마는 하나님의 의지에 관해서는 침묵을 지킨다. 그래서 차라리 권능의 하나님을 말하기로 한다. 그리고 그 능력을 도발한다. "하나님이 너를 위하여 자기 천사들에게 명하실 것이다. 진실로 그분은 그럴 능력이 있으시도다!"

이 도발이 제대로 먹혀들면 쿠데타는 성공이다. 그는—앞에서 살펴본 것처럼—모든 행동의 법칙을 지시한다. 그렇게 되면 그는 하나님의 의지를 누르고 승리를 거두게 될 것이다. 여기서 시험하는 자가 붙잡은 가능성은 한 번도 들어 본 적 없는 가능성이다. 여태껏 그 어떤 인간도 가져 보지 못한 전망이다. 그것은 무엇인가? 권능의 하나님이 인간에게 그저 망상의 산물, 경건한 꿈, 유행하는 이데올로기(민중의 아편 등)가 될 수 있는 가능성이다.

그런데 악마는 자기가 그토록 꿈꾸던 하나님, 공들여 만든 하나님이 실제 현실이 되게 할 수 있는 기회를 얻은 것이다. 너무나 악마다운 전망이다. 만일 하나님의 아들에 대한 시험이 성공하여 그가 성전에서 뛰어내리기만 한다면, 하나님의 의지도 악마의 손아귀 안에 들어오게 된다. 그러면 하나님의 의지도 악마가 원하는 대로 된다. 땅으로 내려가든, 지옥으로 내려가든 그의 마음대로 움직이지 않을 수 없다. 그가 명령하고 하나님은 실행하는 것이다. 그의 명령에 하나님의 아들이 뛰어내린다. 그 아버지는 도움의 천사들을 보낸다. 앞에서 우리가 살펴본 것과 똑같은 일이 벌어지는 것이다. 물론 훨씬 더 음침한 배경에서 일어나는 일이라 더욱 도드라져 보인다. 여기서 하나님은 그야말로 아무 의지도 없는 권능의 하나님이 되어 버린다. 그러면 다름 아닌 악마가 하나님의 의지가 되고, 동시에 그 권능도 악마의 것이 된다. 이제 악마가 막강한 국무총리가 되고 하나님은 그의 꼭두각시 왕인 것이다.

이것이 이 시간의 비밀이다. 새로운 나라를 시작하고 새로운 시간을 여는 하나님의 아들이 악마 앞에서 시험을 당하고 계신 것이다. 그리고 보라! 바로 이 시간에 하나님의 나라도 함께 위기에 처한다. 이 시간의 위협보다 무서운 위협이 있을까? 이 시간이 지나면 그 나라는 누구의 것이 될까? 둘 중 누구의 것이 될 것인가?

그러나 예수께서 악마가 교묘하게 감추고 있는 비밀을 폭로해 버리신다. 그분은 자신이 철두철미하게 하늘 아버지의 의지 아래 있음을 알고 계신다. 그분은 그 의지와 그 율법을 완성하기 위해 오셨다. 그분은 아버지께서 자신에게 성전 꼭대기에서 뛰어내리라고 명령한 일이 없다는 사실을 확인하신다. 그분은 아버지의 권능과 자신의 권능을 가지고 놀이를 해서는 안 된다는 것도 알고 계신다.[21] 그 어떤 것도 무책임하게, 그냥 한번 재미 삼아서, 명령 없이 해서는 안 된다. 예수께서는 매 순간 오로지—오로지!—하나님의 계명과 그 언약으로 사신다. 그분의 신적 권능은 오직 하나님의 명령에만 복종하는, 하나님의 언약을 위한 도구다.

예수께서는 누구보다 분명하게 알고 계신다. 만일 그분이 이른바 권능의 하나님의 이름으로 성전에서 뛰어내린다면, 그로써 하나님의 거룩한 의지를 훼손하고 조롱하고 모독하게 된다. 그분이 뛰어내리는 순간, 하나님이 언약을 지키는지 그렇지 않은지 살피면서 다름 아닌 하나님을 시험대 위에 올려놓는 것이 된다. 정말로 천사들이 와서 떠받쳐 주는지 그렇지 않은지, 오직 그것만 확인하려고 한다. 말할 수 없는 긴장이 감도는 순간, 하나님의 능력을 시험하는 순간인 것이다.

여기서 그분을 시험대 위로 몰아가는 가장 은밀한 동기가 드러난다. 그것은 불신, 곧 불신앙이다. '하나님이 정말 그렇게 말씀하셨을까? 만일 그렇게 말씀하셨다면, 그것을 정말 지킬 수 있으신가? 나에게는 알 권리가 있어. 그래, 하나님이라면 내가 그것을 알게 해주셔야지. 하나님이(!) 나에게(!) 그런 의무가 있지 않은가? 그러니 하나님이 나의 채무자 아닌가? 나는 하나님의 채권자 아닌가? 그분이 나를 자기 형상대로 지으셨으니 그래야 하는 것 아닌가? 나도 그분과 똑같은 권리를 가진 것 아닌가? 그러니 나에게는 무엇이 선이고 무엇이 악인지 알 권리, 불멸의 존재가 될 권리가 있지 않은가? 하나님의 권능을 사용할 권리가 있지 않은가? 뛰어내려도 되는 것 아닌가? 뛰어내려야 하는 것 아닌가? 하나님이 나의 신뢰를 받을 만한 분인지 아닌지(하나님이—나의—하나님이 될 만한 존재인지 아닌지), 그분이 나를 천사의 날개로 떠받쳐 주리라고 (잠정적으로라도!) 믿을 수 있는지 없는지 확인하겠다는데, 누가 그것을 막겠는가?'

시험하는 자는 이러한 생각이 예수의 영혼 속에 천천히, 하나씩 하나씩 어른거리도록 한다. 그때 광야는 갑자기 에덴동산이 되고 그분 곁에는 아담과 하와가 서 있다. 두 사람 앞에는 생명나무에 열매가 달려 있다. 탐스럽고 매혹적이고 희망적이다. 그리고 바로 그 순간, 하나님의 아들 앞에 환한 빛 가운데 높은 성전이 나타난다. 에덴동산의 광경이 다시 연출된다. 성전 꼭대기는 가슴을 설레게 하고 매혹적이고 희망적이다.

그러나 예수께서는 아담과 하와가 손을 뻗어 그 열매를 움켜쥐었던 그 자리에서 몸을 돌리신다. 그분은 "하나님의 입에서 나오는 모든 말씀으로" 사신다. 그리고 그 시간에 그분은 이 말씀으로 사신다. "너는 주 너의 하나님을 시험하지 말아라."

29. 경건한 악마

두 번째 시험이 우리를 아찔하게 만드는 것은 그 질문이 너무도 경건하다는 사실이다. 그 질문은 첫 번째 질문보다 경건하다. 단순히 종교적인 어투를 사용한다든지 '하나님'이라는 사실을 그럭저럭 활용하는 수준이 아니라, 아예 성경을 인용하면서 하나님에게 "말씀하신 것을 지키라"고 요구한다. 이는 악마가 지니고 있는 가장 위험한 가면, 곧 하나님의 가면이다. 이것은 빛의 옷보다도 무시무시하다.

루터도 이것이 무엇인지 알고 있었다. 이것 때문에 죽을 만큼 놀란 적이 있었다. 그러나 그 순간 하나님이 자신을 감싸고 계심을 보았다. 그는 하나님을 피해서(하나님의 가면을 쓴 악마를 피해서) 하나님께로 도망쳐야 했다. 이러한 도피는 루터의 믿음의 궁극적인 비밀 가운데 하나다. 이것을 조금이라도 느끼려면 광야에 계신 예수 그리스도 곁에 서 보아야만 한다. 루터도 성경의 말씀을 가지고 이 영적인 싸움에 임했다. 그 말씀이 자신을 대신해 싸워 주기를 원했다. 그러나 이것은 그리 단순한 일이 아니다. 그에게 맞서는 원수, 곧 악령들의 대장도 거룩한 성경의 말씀으로 완전 무장을 하고 나타났기 때문이다. 루터의 성경 지식은 그 원수 앞에서 허무하게 무너져 내린다. 그래서 그는 참된 말씀이 자기 곁에서 싸우도록 해야 했다. 루터 자신이 싸움터가 되어야 했다.

하나님의 말씀, 경건, 예배, 종교, 기적, 표징은 이 악한 원수의 가장 강력한 무기다. 요한계시록에는 인간 세계에서 악마의 통치를 대변하는 자들이 등장한다. 그들은 이 땅 위에서 적그리스도의 막강한 대리자들이다. 그런데 그들은 종교를 적대하는 자의 모습으로 다가오지 않는다. 오히려 종교 의식의 향연으로 성스러운 분위기를 자아내는 새로운 종교의 체계를 갖추고 있다. 그 종교가 섬기는 주님의 표를 받지 않으면 아무도 팔거나 사거나 할 수 없을 정도로[계 13:11-17] 모든 인간의 삶에 깊숙이 파고든다. 이처럼 악마가 하나님과 예수 그리스도의 자리에 서 있기 때문에, 사람들이 "보라, 그리스도가 여기 계시다! 보라, 그리스도가 저기 계시다!"[마 24:23 이하]라고 말하는 곳이야말로 악마가 가장 막강한 힘을 과시하는 곳이다.

하나님과 맞서 싸우는 세력의 비밀을 좀 더 깊이 파고들어 보자. 겉으로 드러나는 모습을 볼 때, 하나님을 하나님으로 맞서게 하려는 의도가 너무나 명백하다. 하나의 말씀을 다른 하나의 말씀으로 쳐서 무너뜨리는 것도 얼마든지 가능하다. 시험하는 자는 말한다. "성경에 기록하기를……." 하나님의 아들이 대답한다. "또 성경에 기록하기를……." 계속해서 이런 식의 대결이 이어질 수 있다. 여기서 말씀의 비밀 하나가 저절로 드러난다.

"성경에 이렇게 기록되어 있다", 즉 "두렵고 떨리는 마음으로 자기의 구원을 (의미상으로, 우리 자신이!) 이루어 나가십시오."[빌 2:12]

"또 성경에 이렇게 기록되어 있다", 즉 "하나님은 여러분 안에서 활동하셔서, 여러분으로 하여금 하나님을 기쁘게 해드릴 것을 염원하게 하시고 실천하게 하시는 분입니다." 빌 2:13

앞서 암시한 비밀은 빌립보서의 이 구절들에서 분명하게 나타난다. 바로 이 지점에서 하나님을 하나님으로 맞서게 할 가능성이 생겨난다. 가장 섬뜩한 시험의 가능성이다. 이 가능성은 우리가 바깥에서 보려고 할 때, 곧 악마의 관점에 서 있을 때 생겨난다. 그래서 언제나 이단자들과 거짓 교사들과 악령들은 적그리스도의 구호를 무섭게 외쳐 대며 교회로 들어오는 것이 아니라 하나님의 말씀을 읊으며 슬며시 들어온다.

한 무리의 사람들이 일어서서 말한다. "가장 중요한 것은 우리가 두려움과 떨림으로 뭔가를 이루어 내는 것이오. 자, 일어나 '선한 일'을 합시다. 우리가 가진 재산의 절반을 팔아 가난한 이들에게 줍시다. 눅 19:8 계명을 지킵시다. '간음하지 말아라, 도둑질하지 말아라, 거짓으로 증언하지 말아라, 속여서 빼앗지 말아라, 네 부모를 공경하여라.' 이 모든 것을 어려서부터 지킵시다. 막 10:19-20 두려움과 떨림으로 이 모든 것을 행하여 구원을 이룹시다. 아니, 거기서 그치지 말고, 두려움과 떨림으로 하나님을 찾으러 갑시다. 우리가 낮에는 그분을 위해 싸우고 밤에는 그분만을 그리워합시다. 영원하신 분을 만나기 위해 우리의 영혼을 정찰대로 파견합시다. 마침내 그분이 우리의 이런 노력에 항복하시고 우리의 노획물이 될 때까지 절대로 쉬지 맙시다. 그래서 마침내 우리의 구원을 이루어 냅시다."

이런 말이 얼마나 그분을 모독하는 것인지 느껴지지 않는가? 이런 말은 그분의 이름으로 범해지기 때문에 더더욱 끔찍한 모독이다. 하나님이 정말 우리의 이런 노력과 투쟁의 대상이란 말인가? 정말로 하나님을 우리가 이루어 낸 업적에 의존하게 만들고, 이로써 다시 한번 은밀하고 교활하게 그분을 우리의 손아귀에 넣으려 한단 말인가?

30. 어스름 빛 속의 하나님 말씀

이것은 이미 아주 오래된 이야기다. 우리가 말씀에 복종하는 종으로서 겸손히 말씀 아래 서지 않고, 악마의 행동 방식을 본받아 거꾸로 말씀을 우리 욕망의 종으로 삼으려 한다면(그 결과, 우리가 두려움과 떨림으로 행한 일이나 우리의 파우스트적인 충동으로 하나님을 흔들 수 있다고 생각한다면), 하나님의 말씀은 우리의 사악한 손아귀 안에서 억압적이고 억지스러운 악령이 되어 버린다. 악령은 그 손을 잡아 강제로 들어 올려 결국 하나님을 대항하는 주먹을 쥐게 만든다. 행위를 통해 의로워지려는 우리, 프로메테우스처럼 온 힘을 다해 긁어모으는 우리, 악마의 유혹에 넘어간 우리는 그렇게 치켜올린 주먹으로 하나님에게 대들면서 스스로는 그 '하나님'을 섬기고(예배하고) 있노라고 생각한다.[22]

또 한 무리의 사람들이 일어서서 말한다. "그건 말도 안 되오. 우리 안에 소원과 성취 두 가지 모두를 일으키는 분은 하나님입니다. 우리의 노력은 치워 버립시다. 우리의 힘으로 하나님을 찾는다는 생각을 치워 버립시다. 업적을 쌓으려는 짓거리도 치워 버립시다! 우리는 참되게 하나님을 예배할 것입니다. 우리는 모든 것을 이루시는 하나님의 의지에 철저하게 복종하며 우리 손을 가지런히 모으고 위대한 기적을 기다립니다. 하나님이 오셔서 친히 우리에게 말씀하시는 기적을 기다립니다. 그리고 그분이 오시면, 이제 우리는 우리의 영혼 속에서 그분의 은밀한 역사하심을 느끼게 될 것입니다. 우리가 또 무엇을 할 수 있겠습니까?"

이들도 똑같이 하나님의 말씀을 왜곡하고 자기들의 말로 그분을 공격한다. 그들은 하나님으로 하나님을 대적한다. 언제나 하나님 나라의 울타리 밖에서 팔짱을 끼고 구경이나 하는 사람들은 어깨를 으쓱하며 퉁명스레 말한다. "성경 말씀으로 모든 것을 증명할 수 있는 법이지." 누구나 아는 이 격언을 통해 섬뜩한 진리가 드러난다. 우리가 하나님으로 하나님을 대적할 수 있다는 진리 말이다.

악마는 다시금 구경꾼의 원칙, 치밀한 계산자의 원칙('하나님을 전제로 할 때')에 따라 논리를 펼쳐 나간다. 하나님을 전제로 하고 양자택일로 몰아간다. 하나는 성경을 율법의 의, 행위의 의를 가르치는 책, 뻔뻔스럽게 하나님을 끌어들이는 책으로 만들어 버리는 것이다. 다른 하나는 아무 일도 하지 않고 가만히 앉아서 이른바 '하나님 안에서 누리는 고요함'으로 모든 것을 그냥 받아들이는 것이다.

두 가지 모두 위대한 유혹자에게서 나온 술책이다. 그는 하나님에게 말씀대로 하시라고 말하는 것처럼 보이지만, 사실은 그분의 입에서 말씀이 나오기가 무섭게 그 말씀을 뒤집어 놓는다. 우리는 그분의 말씀 '위'가 아니라 오로지 그 말씀 '아래'에 있을 때만 그 말씀대로 이루어 주시기를 요청할 수 있다. 그래야만 그 두 가지가 하나라는 것을 경험한다. 거룩하신 하나님의 명령문과 서술문은 따로 떨어진 것이 아니다. 그분은 "이루라!"고 명령하시고 동시에 이렇게 서술하신다. "너희 안에 소원과 성취, 두 가지 모두를 일으키는 것이 바로 나다. 나는 알파와 오메가다. 나는 광대한 바다, 너희가 머무는 시간의 해안 어디라도 철썩이며 부딪쳐 오는 나와 만나리라."

살아 계신 하나님 앞에서 누가 감히 이렇게 말할 수 있을까? "당신이 모든 일을 이루시니 나는 할 일이 없는 것 아닙니까? 지금 내가 모종의 책임감을 느끼게 만든 분이 바로 당신입니다." 살아 계신 하나님 앞에서 누가 감히 또 이렇게 말할 수 있을까? "당신이 직접 말씀하셨지요. '이루라!' 그러니 제가 혼자 하게 내버려 두십시오. 당신 없이도 구원을 이룰 겁니다. 당신 없이도 잘 해낼 겁니다." 결코 그럴 수 없다. 하나님 앞에 서 있는 사람이라면, 날카로운 양날 검 같은 그분의 말씀 아래 겸허히 무릎 꿇은 사람이라면 감히 그런 말을 할 수 없다.

오로지 여기, 그 말씀 아래, 그 말씀의 형언할 수 없는 권위 아래 엎드린 바로 그곳에서, 우리는 하나님의 진리가 언제나 두 개의 기둥 위에 서 있음을 깨닫게 된다. 하나는 언약이다. "너희는 나의 은혜로 율법에 대하여는 이미 죽었다."갈 2:19 다른 하나는 명령이다. "너희 자신에게서 벗어나 의의 종이 되어라!"롬 6:4 이하 혹은 "너희는 하나님이 비싼 값을 치르고 산 존재다. 그러므로 하나님의 소유물에 합당한 삶을 살아라. 너희의 몸과 영혼은 하나님의 것이니 그것으로 하나님께 영광을 돌려라!"고전 6:20

우리가 이런 복종, 이런 겸허의 삶을 살아갈 때 비로소 두 가지가 하나라는 사실을 이해할 수 있게 된다. 광야의 대결은 두 가지 가능성을 놓고 벌이는 싸움이다. 하나는 하나님이 명령을 내려 천사들을 그분의 아들에게 보내시는 것이고, 다른 하나는 그럼에도 하나님의 아들이 그런 개입을 유발하지 않고 고요히 자신의 길을 가면서 오직 하나님이 명령하신 것만을 행하는 것이다.

악마는 예수의 이러한 반응을 도무지 이해할 수가 없다. 왜냐하면 그는 하나님의 말씀 아래 있는 것이 아니라, 단지 그 말씀을 찰흙처럼 주물러서 악마적인 형상으로 빚어내기 때문이다. 마치 어린이가 집짓기 블록 놀이를 하면서 원하는 블록을 찾듯이, 악마는 '딱 맞는 말씀들'만 골라내서 그것을 조립해 넣는다. 서구 사회에서 출몰한 온갖 세계관과 이단 종파들은 하나같이 이런 방식으로 성경을 이용해 먹지 않았던가? 지금도 그렇게 하고 있지 않은가?

31. 말씀과 권위

예수께서는 어떻게 자신이 붙잡은 성경의 말씀이 더 큰 권위를 가진 말씀이라고 확신할 수 있었는가? 임의로 끄집어낸 것이 아니라 의심할 여지가 없는 확실한 말씀이라는 것을 어떻게 아셨을까? 그 말씀이 그저 임의로 택한 것이라면 대략 이런 의미였을 것이다. "성경으로 모든 것을 증명할 수 있다. 그러니 나도 위험천만하게 저 성전 꼭대기에서 뛰어내릴 필요가 없다는 사실, 그런 믿음의 모험을 감행할 필요가 없다는 사실을 성경의 말씀으로—천만다행!—증명할 수 있다. 그래, 그러지 않아도 되는 거지? '주 너의 하나님을 시험하지 말아라!' 이 말씀이 적시에 떠오르다니 얼마나 다행인가! 이제 나는 그 무모한 모험을 슬쩍 피해 갈 수 있게 됐어. 아무도 내가 신적 권위의 이름으로 그 일을 회피했다고 지적하지 못할 거야. 성경의 말씀으로 충분히 포장해 놓았으니까. 그렇지! 영리함 면에서는 내가 악마보다 낫지. 나도 전쟁터에서 성경을 능수능란하게, 정확한 타이밍에 사용할 수 있다고." 순수한 말씀으로 멋지게 펜싱 칼을 휘둘렀다고나 할까?

예수의 무기, 예수의 공격이 만일 이런 모습이었다면 악마가 휘두르는 말의 무기, 말의 공격과 비교해서 나을 게 없었을 것이다. 더 우월할 것도 없고 더 큰 권위를 가져야 할 이유도 없었을 것이다.

예수께서 악마에게 맞서 내세운 말씀이 더 큰 권위를 가지는 유일하고 절대적인 이유는, 그 말씀이 예수 자신에게도 권위 자체이고 예수 자신도 그 권위 아래에 있기 때문이다. 하나님의 말씀은 우리 자신이 예수 그리스도에게 '사로잡힌 자'엡 3:1로서 그 말씀에 순종하고 그 말씀 앞에 겸손히 엎드려 있을 때만, 그만큼만 하나님의 말씀이다. 우리가 말씀을 제멋대로 '이용'하면서 어떤 영리한 목적을 가지고 "주님, 주님!" 하고 부른다면,마 7:21 이하 그 말씀은 하나님의 말씀이 아니라 악마의 말이 된다. 그러므로 예수께서 이렇게 말씀하신다.눅 6:46 "어찌하여 너희는 나더러 '주님, 주님!' 하면서도, 내가 말하는 것은 행하지 않느냐?" 그것은 이런 뜻이다. "너희는 아주 경건한 말을 쓴다. 너희는 눈을 들어 하늘을 보면서 하나님과 편안하게 말을 트고 지내는 것 같구나. 너희는 가나안 사람들이 하는 말을 한다. 너희는 '주님, 주님!' 하거나 '하나님이 말씀하시니!'라고 말한다. 하지만 이 모든 것은 다 거짓말이고 악마의 비열한 계략이다. 너희는 그 말씀이 원하는 것을 전혀 실천하지 않기 때문이다. 그렇게 하여 말씀의 권위를 빼앗아 버리기 때문이다."

진지함도 없고 권위도 없이 이용되는 성경의 말씀, 곧 하나님이 돕는 천사들을 보내실 것이라는 말씀은 악마의 입을 거치면서 실제로 악마의 말이 되어 버린다. 지금까지 그래 왔고 앞으로도 그럴 것이다. 하나님의 원수들이 찍어 내는 신문, 책, 전단들은 아주 자연스럽게 '하나님'이라는 사실 위에 서 있으며, 아주 자연스럽게 '체화된 종교'를 과시한다. 그들의 글은 성경에서 인용한 말들로 넘쳐 난다. 앞뒤 맥락을 잘라 내고 그 구절만 쏙 뽑아서 흉측한 모습으로 일그러뜨린다. 그것은 하나님의 말씀이 아니라 하나님을 흉내 낸 원숭이의 말이다. 주님의 말씀을 빌려와서 함부로 때리고 십자가에 못 박아 불구로 만들어 놓는다.

하나님의 모방자는 언제나 똑같은 수법을 쓴다. 그는 겉모습만 바꾼 채 다시 우리에게 다가온다. 때로는 기름이 좌르르 흐르는 그럴싸한 말을 늘어놓는 사이비 성직자의 모습으로, 때로는 위풍당당하게 앉아 있는 영웅의 모습으로, 때로는 종교개혁자나 종교적 해방자의 동상처럼 우뚝 서서 존경심을 자아내는 모습으로 나타난다. 그는 겸손하게 "주님, 주님!" 하며 말하는 법을 안다. 그의 말은 설득력 있게 들린다. "보라, 그리스도가 여기 계시다! 보라, 그리스도가 저기 계시다!" 그의 성경 인용은 우리를 불안에서 건져 내고, 그가 타는 풍금 소리는 감미로우며 그의 예배 중에 연주되는 거대한 오르간 소리는 천둥처럼 울려 퍼진다.

그러나 이제 우리는 이러한 말이 왜 시험하는 자의 말이 되는지, 또한 그 말은 왜 권위가 없는지, 왜 예수의 말씀에만 권위가 있는지 알게 되었다. 그분만이 모든 것을 분쇄하는 완전한 권위를 가지고 이렇게 말씀하실 수 있다. "또 기록되었으니……아니, 오직 이것만 기록되었으니, 그 외에는 아무것도 기록되지 않았도다."

32. 권능과 종

예수께서는 자신과 악마가 맞붙은 전쟁터에서 이 말씀을 가장 위엄 있고 용맹스러운 깃발로 높이 드신다. 그분은 그 깃발 아래 무조건 복종하시고 그 깃발을 들고 승리를 거두신다. 그런데 이 승리의 깃발이 전쟁터 한가운데 외롭게 나부끼고 있다. 여기서 이 사건 전체와 관련된 궁극적인 전략의 구조가 모습을 드러낸다. 지금 이 싸움은 단순히 악마의 세력과 인간 예수 사이의 싸움이 아니다. 하나님 다음으로 막강한 세력과 한 인간 사이의 싸움이 아니다. 이 전투의 주인공은 하나님과 사악한 원수다. 그리고 인간이 중간에 투입된다.

인간은 이쪽 편과 동맹이 되든지 저쪽 편과 동맹이 된다. 이쪽 편의 종이 되든지 저쪽 편의 종이 된다. 우리는 하나님이 쓰는 도구가 되든지 사악한 원수가 쓰는 도구가 된다. 우리는 하나님의 명령을 받는 군대가 되든지 원수의 명령을 받는 군대가 된다. 우리는(이 글을 쓰고 있는 사람이나 읽고 있는 사람이나) 모두 누군가에게 고용되어 누군가를 위해 일하고 있다. 이쪽을 위하거나 저쪽을 위하거나 둘 중 하나다.롬 6:16 이하 우리 모두는 우리의 마음이 온통 집중하고 있는 '보물'을 하나 가지고 있다. 그 보물이 우리의 주인이다. 그것이 우리의 삶을 움직이는 중심축이다.

이 보물 또는 중심축은 하나님이든지 사악한 원수든지 둘 중 하나다.

그 무엇도 우리를 이 양자택일의 운명에서 벗어나게 해줄 수 없다. 우리의 업적도 우리의 성취도 그러지 못한다. 그런 것들도—앞에서 살펴본 것처럼—은밀하게(마음 깊은 곳에서) 하나님을 거역하고 자기 영광을 드러냄으로써 원수를 돕는 일이 될 수 있다. '인간은 자유로운 존재'라는 해맑고 순진한 생각, 단순하지만 교활한 생각도 여기서는 도움이 되지 않는다. '우리가 우리 자신 외에 다른 누군가의 종이 되어야 한다고? 누군가에게 예속되어야 한다고?' 우리 안의 단순함은 자못 놀란 듯한 목소리로 묻는다. 영리하고 설득력 있는 질문이다. 이 단순함은 인간이 종속적 존재라는 사실을 차갑게 외면하거나 가벼운 농담으로 비웃어 넘긴다. 인간의 두 다리는 땅을 딛고 있을망정 인간의 제일 꼭대기에 달린 머리는 하늘의 별들이 있는 곳까지 다다르는 거인의 머리라는 사실을 떠올리며 자랑스러워한다.

그러나 결국 우리는 한 분의 주인을 섬긴다. 하나님의 바다든지 사악한 원수의 바다든지 한 바다의 물살을 타고 헤엄친다. 어디서 와서 어디로 가는지 알지 못하는 이른바 '자연적 인간'도 한동안은 이것을 예감한다. 때로는 그들도 한 개인의 의견이 얼마나 쉽게 외부의 영향에 의해 조종될 수 있는가를 목격한다. 사실 한 개인의 생각이라는 것은 시대의 사조나 다수의 의견에 영향을 받아 서서히 굳어질 때가 얼마나 많은가? 한 개인이(평소에는 아주 조용하고 사려 깊고 견실한 사람이라서 가령 집이라도 다시 지어야 할 큰일이 있을 때는 그를 찾아가 의견을 물을 정도로 신뢰할 만하지만) 한번 군중 심리에 빠져들면 걷잡을 수 없이 휩쓸릴 때가 얼마나 많은가? 그래서 오늘은 "호산나"를 외치고 내일은 "십자가에 못 박으라!"고 외친다. 그러다가 집으로 돌아와 작은 방에 걸린 거울을 멍하니 쳐다보며 생각한다. '저렇게 소리친 게 나, 바로 나라고? 그래, 정말 그랬다. 내 위에서, 내 앞뒤 좌우에서 사람들이 소리를 질렀다. 그 소리가 나를 통과해서 지나갔다. 온 신경세포가 완전히 충전된 상태였고 분위기는 불타올랐다. 외치는 군중의 함성이 나를 압도해 버렸다. 내 목소리도 그 속에 있었던 것 같다.'

사람들은 이런 상황에서 '군중 암시'Massensuggestion 라는 표현을 쓰는데, 사실은 그것이 무슨 뜻인지 모르면서도 쓴다. 지금까지 우리가 다루고 있는 이야기의 빛에서 보면, 그리고 그 안에 내재된 양자택일의 관점에서 보면 그 표현의 의미가 분명해진다. 인간에게 뭔가를 속삭여서 그 말에서 빠져나오지 못하게 만드는 (암시하는) 힘이 있는데, 그 무서운 명령이—함포 훈련용 표적함 '체링겐'Zähringen[23]을 무선으로 조종하는 것처럼—인간을 조종한다. '그렇게' 마력의 목소리가 원하는 대로 인간이 움직이는 '일이 발생한다.' 그는 이렇게 생각할 것이다. '소리친 것은 나였다. 내가 결심해서 내 의지대로 소리를 질렀다.' 그러나 그는 명령에 따라 움직였다. 그는 보이지 않는 공중의 영에게 사로잡힌 것이었다. 그는 누군가의 종이었다. 주인은 누구인가? 나침반의 자석 바늘도 이성이 있다면 이렇게 생각하지 않을까? '내가 북쪽을 가리키는 것은 전적으로 나의 의지이며 나의 결단이다'(라이프니츠[24]). 무선조종 군함도 인간의 두뇌가 있다면 '내가 나의 증기와 나의 선장을 가지고 나의 훈련을 한다'고 생각하지 않을까? 그러나 조타실에는 어떤 사람이 앉아서 키를 잡고 있다. 군함은 알지도 못하고 예상하지도 못한 존재다. 그래서 군함은 기분 좋게 밖으로 나가 헤엄을 친다. 자기가 얼마나 잘 움직이고 바다에 강한지를 느끼면서 즐거워한다.

33. 기술은 도구, 기술은 '권능'

아무리 평범하게 살아가는 '자연적 인간'이라 할지라도 어느 정도 눈치채는 현상이 또 하나 있다. 우리가 말을 타는 기사인 줄 알았는데 실상은 말 위에서 끌려다니는 신세라는 것이다. 기술이야말로 우리를 그렇게 끌고 다니는 기사가 아닐까? 원래 기술은 이 땅을 잘 다스리라고 우리 손에 쥐어진 것이었다.[창 1:26 이하] 하나님이 우리 손에 건네주신 도구였다.

그러나 그 도구 속에 있던 다이너마이트가—혹은 그것을 사용하는 인간 안에 있던 다이너마이트가—바벨탑 공사에서 처음으로 폭발하지 않았던가? 인간의 야망의 불꽃과 하늘 높은 줄 모르고 부풀어 오르는 교만의 불꽃이 만나면서 순식간에 폭발이 일어나지 않았던가? 그도 그럴 것이, 기술이야말로 우리를—다른 무리보다 뛰어난—위대함과 권능의 자리로 들어 올릴 수 있으며, 언제라도 하나님에게 대항하는 요새가 될 수 있다. 그런데 관리 책임을 맡은 기술자인 '인간'이 이런 일이 일어나도록 그냥 내버려 둔다면, 아니, 한 걸음 더 나아가 그 기술의 '도움으로'(기술 자체는 전혀 악하지 않으니까?!) 이런 일을 일으킨다면, 인간은 즉시 악한 원수에게 자기를 내어 주고 동시에 기술이라는 도구도 헌납

하게 된다.

이와 비슷한 일이 지금 인류에게 일어나지 않았는가? 인간은 그 문제를 충분히 해결할 수 있다고 생각하지 않는가? 인간의 도구였던 기술이 여전히 인간의 손안에 있으며, 언제든 자기 마음대로 할 수 있다고 자신 있게 말할 사람은 이제 아무도 없다. 상황은 오히려 역전되어 인간이 기술을 가진 것이 아니라 기술이 인간을 가진 형국이 되었으며, 결국 기술은 인간에게 등을 돌리고 인간에게서 떨어져 나왔으니, 더 이상 인간의 손안에 있는 기술이 아니라 인간 위에 군림하는 기술이 되었다는 사실을—공포와 경악을 느끼면서—알아채지 못할 사람은 아무도 없다.

기술은 이미 19세기부터 결정적인 경제적·정치적 변화를 촉발시켰다(어쩌면 우리는 이런 엄청난 변화들 가운데 하나의 증상을 나타내기 위해 '자본주의'라는 상투적인 표현을 쓰고 있는지도 모른다). 이른바 '제4계급'의 출현도 기술 발전으로 인한 산업화가 아니었다면 생각할 수 없는 일이다. '제4계급'의 발흥이 없었다면 마르크시즘, 특히 볼셰비키적 지향을 가진 마르크시즘은 생겨나지도 않았을 것이다. 볼셰비즘의 악마적인 폭동이 없었다면 지금 온 세상을 잔뜩 긴장시키고 있는 세력들이 단 하나도 등장하지 않았을 것이다. 볼셰비즘을 타도한다는 명분으로 일어선 것인데 결국 그 덕분에 존재하는 것이다. 볼셰비즘의 대안이 되고자 했을 뿐이지만, 아니, 그에 맞서는 대안이 되고자 했을 뿐이지만, 어쩔 수 없이 그 대안을 제시한 것이고 결국 그 대안을 제시하는 태도가 타도하려던 대상의 모습과 전혀 다르지 않은 것이다.

이제는 그림이 분명해졌다. 지금 우리 시대에 행동의 법칙을 지시하고 있는 결정적인 요인은 바로 기술이다.[25] 루터가 말한

최강의 '기적술사들'이라도 그 물결을 타고 움직이는 것에 불과하며, 그들은 지금 우리가 겪고 있는 해상 재난 때문에(그리고 다른 많은 문제들 때문에) 호출되어 작은 배 몇 척을 급조해 주고 있을 뿐이다.

이러한 관점에서 볼 때 '인간이 역사를 만든다'는 생각은 듣기는 좋지만 상당히 위험한 환상이다. 그런 일은 있을 수 없다. 우리는 아무도 혼자서는 빠져나갈 수 없는 배를 타고 가는 중이다. 선장이나 지휘관 역할을 할 만한 사람이 없는 것은 아니다. 그들은 깜깜한 심연 속에서 몸부림치며 거품을 일으키는 격정적인 시간의 파도를 헤쳐 나가는 배를 잠시 맡아서 조종하고 있다. 그러나 그것이 전부이며 그 이상은 아니다. 그 외에 다른 것은 두려움이 만들어 낸 환상이며 망상이다. 사실 모든 움직임의 법칙을 만들어 내는 것은 바다다. 그리고 바다는 우리가 어떻게 할 수 없는 법칙에 따라 포효한다. 그 법칙 가운데 하나가 기술이다(물론 유일한 법칙이 아니라 하나의 법칙이다. 우리는 이 법칙의 도움으로 여러 가지 현상을 이해할 수 있게 된다). 기술은 인간의 손에서 빠져나와 갈수록 거칠어지고 있다. 금방이라도 폭발할 것 같다. 그래서 우리는 거기에 대처할 방책을 찾아내야 하지만, 그 고삐 풀린 힘으로부터 최선의 것을 끄집어내야 하는 것도 사실이다. 우리는 역사 해석을 시도하려는 것이 아니다. 그저 한 가지 사실이 분명하게 드러나는 것만으로 만족한다. 그것은 인간이 언제나 누군가에게 속한 존재라는 사실이다. 인간은 누군가의 소유다. 인간은 결코 바다의 주인이 아니다. 기껏해야 그 파도를 타고 멋지게 수영하는 자에 불과하다.

하지만 그것은 정말 아무것도 아니다. 우리의 모든 것이 걸려 있는 가장 중요한 문제는 우리가 종이 되어 받들어야 할 통치의 비밀을 알아내는 것이다. 우리의 성경 본문은 바로 그것을 말하고 있다. 우리 앞에는 두 주인이 있다. 우리는 둘 중 하나의 종이 될 수 있다. 이 하나의 종이 되거나 저 하나의 종이 되거나 둘 중 하나다. 하나는 사랑하고 다른 하나는 미워해야 한다.[마 6:24] 둘 중 하나의 수중에 들어가야 한다. 악한 원수의 종이 되든지 우리를 구원하시는 아버지의 자녀가 되어야 한다(우리는 누구를 섬기고 있는가? 우리가 의존하고 있는 여러 힘들, 그래서 지금 우리가 그 안에서 헤엄을 치고 있는 힘들, 우리를 붙잡고 있는 힘들이 있는데 그 힘들을 활용해서 누구를 섬길 수 있다면, 우리는 누구를 섬기고 있는가? 이 모든 일은 어떤 조짐을 보이고 있는가? 이 모든 일은 누구에게 '속해' 있는가? 둘 중 누구? 누가 이 물음에 답할 수 있을까? "당신의 나라가 임하소서!" "우리를 악에서 구하소서!" 이 간구 외에 다른 대답을 내놓을 자가 누군가?).

모든 것은 이 힘겨루기에 달려 있다. 그런데 이것은 단순한 힘겨루기가 아니다. 이것은 우리의 영혼을 얻기 위한 하나님의 싸움이다. 다른 누군가가 와서 이미 굳게 닫아 버린 우리 마음의 문을 그분이 폭풍처럼 두드리신다.[눅 12:36; 계 3:20] 어둠을 누르고 그분의 빛이 떠오른다. 비밀스럽게 어둠의 세계를 통치하던 자는 빛에 맞서 싸우지만 그 빛은 결코 붙잡히지 않는다.[요 1:5]

우리의 세상을 차지하기 위한 하나님의 투쟁을 일단은 큰 세력들 사이의 싸움으로 이해하는 것이 좋다. 허황된 단순함에 사로잡혀 자꾸만 인간을 투사로 간주하고 자기 자신을 이 투쟁의 주인공으로 여겨서는 안 된다. 우리는 이 점을 분명히 짚고 넘어가야 한다. 그래야 광야에서 벌어진 이 싸움의 배경을 이해할 수 있다. 우리 인간은 단호하게 무지를 깨고 나왔다. 그런데 또 다른 생각에 완전히 사로잡혀 버렸다. 그것은 우리가 만물의 척도요 세계 역사의 중심 주제라는 생각이다. 그래서 우리는 스스로를 늘 투쟁하는 자, 하나님을 위해 투쟁하는 자라고 생각하느라 이 싸움의 배경을 제대로 깨우치지 못했다.

여기서 중요한 것은 싸움의 장소다(이로써 그 배경이 무엇인지가 슬쩍 암시되었다). 그곳에서 우리가 싸우는 것이 아니라 우리를 얻기 위한 싸움이 치열하게 벌어진다. 너무나 치열한 나머지 하나님이 피를 흘리신다. 그분이 십자가에 매달리신다. 우리는 성만찬을 거행하면서 이 피와 이 죽음을 기념한다. 이는 그분과 다시 하나됨을 상징한다. 우리가 오직 그분께만 속하며 다른 모든 예속에서 벗어났음을 상징한다. 하나님이 우리를 위하시니 하늘이나 땅이나 지옥이나 어느 곳의 세력이라도 우리를 대적할 수 없으며, 우리를 하나님으로부터 갈라놓을 수 없음을 상징한다.롬 8:31 이하 이것이 이 사건의 궁극적인 전략적 구조다. 이 싸움은 우리의 영혼을 얻기 위한 하나님과 악마의 싸움이다.

우리는 이 싸움에서 누가 이겼는지 이미 알고 있다. 이 광야의 시간에 누가 승리했는지 알고 있다. 우리 자신은 이 싸움에서 반드시 쟁취해야 할 대상이다. 그래서 성난 바람에 휘둘리고, 격렬한 유혹에 시달리고, 온갖 두려움에 사로잡힌 채로 이 세상의 시간 속을 걸어가는 존재이지만, 결국은 주님의 영광 속에서 그분과 얼굴과 얼굴을 맞대고 보게 될 것을 알고 있다. 우리는 맡겨진 싸움(우리 마음의 싸움, 바깥세상에서의 싸움, 교회 역사 속에서의 싸움) 속에서 때로는 피투성이가 된다. 우리가 이기는 쪽에 있다는 사실을 전혀 믿을 수 없을 때도 있다. 그러나 승리는 이미 우리 것이다. 이것이 마지막 때의 공포 속에서 살아가는 자들에게 참된 기쁨의 소식이다. 이것이 요한계시록의 기사들(전염병, 전쟁, 굶주림, 죽음)의 말발굽 소리에 맞서 우리 마음에 힘을 북돋워 주는 하늘의 양식이다.

이제 우리는 눈을 들어 이 싸움에서 승리하신 분을 바라본다. 그 승리의 결정적인 순간을 바라본다. 세 번째 단계, 마지막 장면으로 눈을 돌린다. 우리는 이미 알고 있다. 마지막에 면류관을 얻은 그가 승리자다. 최후의 승리자는 곧 예수 그리스도이시다!

세 번째 시험: 예수의 이 세상 나라

또다시 악마는 예수를 매우 높은 산으로 데리고 가서, 세상의 모든 나라와 그 영광을 보여 주고 말하였다. "네가 나에게 엎드려서 절을 하면, 이 모든 것을 네게 주겠다." 그때에 예수께서 그에게 말씀하셨다. "사탄아, 물러가라. 성경에 기록하기를 '주 너의 하나님께 경배하고, 그분만을 섬겨라' 하였다."

마태복음 4:8-10

34. 빛나는 풍경

시험하는 자가 최후의 일격을 위해 다가온다. 왕관이 번쩍인다. 모든 나라는 모든 우상을 다 쓸어 내고 그리스도를 수장으로 모실 준비를 끝냈다. "이 땅을 예수 그리스도께!" 이 외침이 예수의 귀에도 희망차게 들려온다. 수많은 깃발이 펄럭이는 소리가 들려온다. 여태껏 한 번도 경험해 보지 못했던 엄청난 기회다! 이 기회만 잡는다면 그분은 고통스럽게 싸우지 않으셔도 된다. 세상을 얻기 위한 끝없는 싸움에 붙잡히지 않으셔도 된다. 계속해서 '예루살렘'을 위해 울지 않으셔도 된다.눅 19:41 계속해서 십자가에 못 박히지 않으셔도 된다. 어둠이 그분을 알지 못하는 현실요 1:5이 무한정 계속되지 않아도 된다. 이 세상에 대한 하나님의 고통 때문에 그분 가슴이 찢어지는 일이 반복되지 않아도 된다.

그렇다! 이 세상이 스스로 다가오고 있다. 빛나는 모습으로 그분 앞에 서서 이제 막 그분의 팔에 안길 것 같은 자세다. 고통의 성 예루살렘, 아직 막강하지만 이미 지쳐 가고 있는 로마 제국, 신흥 게르만족, 그 외에도 수많은 마을, 도시, 나라들이 지금 그런 모습으로 서 있다. 그들은 일제히 문을 활짝 연다. 그와 동시에 마치 먼 곳에서 울려 퍼지는 듯한 노래가 들려온다. "보라, 네 왕이 네게로 오신다." 그 왕은 다른 이가 아니라 그분, 그리스도다. 그분이 이 땅 위에서 불붙이신 운동, 훗날 '그리스도교'라 불리게 될 운동을 향해 온 세상은 문을 활짝 연다. 사람들은 그리스도교에서 떨어져 나오지 않을 것이다. 이 세상의 시간과 공간을 채우는 모든 것이 그분에게 속할 것이다. "보라, 네 왕이 네게로 오신다!"

이 찬송은 하나의 패러디가 아닐까? 미래로부터 그분을 향해 달려오는 노래("보라, 네 왕이 네게로 오신다")의 패러디? 거기서 그들은 진심으로 그분의 왕권을 노래하고 시편으로 찬송하며 그분을 향해 열광한다. 환희에 도취되어 경배를 그치지 않는다. 이것이야말로 악마가 지금 그분에게 약속하고 있는 것의 성취된 모습 아닐까? 그분의 보랏빛 왕권이 사람들의 환호 속에서 마침내 성취되고 그분은 온 땅의 주님으로 보좌에 앉으시는 것이다.

그러나 그분의 길은 십자가의 길이다. 왕권이 완전히 파산하는 길이다. 혹은 조롱거리로 전락한 왕권의 길이다. 왕의 친서는 갈가리 찢기고 그분은 십자가에 매달린다. 그리고 거기에 "이 사람은 유대인의 왕 예수다"라고 적힌 명패가 박힌다.마 27:37 미구 소리를

질러 대는 군중은 그분이 아닌 바라바를 부르며 열광한다.마 27:16

둘 중에 어느 것이 진짜 왕권인가? 어느 것이 패러디인가? 누구도 의심할 수 없는 실질적이고 공식적인 왕권이 있다. 그래서 광야의 예수에게 그 확실한 왕권을 제안하는 것이다. 십자가 위의 왕권은 그것을 패러디하고 있는 것인가? 아니면 거꾸로인가?

35. 악마의 손에 들린 지구본

그러나 그때, 그분의 눈에서 비늘 같은 것이 떨어진다. 그리고 지금 그분 앞에 놓인 세상이 사실은 악마의 손에 들린 지구본임을 보게 된다. 등골이 서늘하다. 악마는 그 지구본을 살살 돌리면서 그분의 마음을 흔들고 있다. 지구본은 그분 앞에서 환한 빛을 내며 돌아가고 있다. 악마가 그분에게 내어놓는 세상은 이런 지구본의 모습일 수밖에 없다. 악마는 지구본 뒤에서 미소를 짓는다. 그 작은 공은 사과! 먹음직도 하고 보암직도 한데, 그것은 이 사과가 우리를 강하게 만들어 주기 때문이다.창 3:6 **26** '지식'과 '권력'이야말로 최고의 히트 상품임을 시험하는 자는 잘 알고 있다.

이 생생한 이미지가 담고 있는 메시지는 악마가 자신의 제안을 마무리 짓는 간결한 한마디에 응축된다. 편지를 마무리할 때 쓰는 표현인 "존경의 마음을 담아", "이만 줄입니다" 등처럼 가볍게 지나쳐 버릴 수 있는 말이다. 우리는 이런 장면을 떠올려 볼 수 있다. 악마는 예수를 향해 있던 시선을 가만히 거두고서, 자기도 완전히 매혹된 것 같은 표정으로 저 빛나는 세상을 한동

안 바라본다. 그러다가 마지막으로 다시 한번 그의 얼굴을 살짝 예수 쪽으로 돌리면서 슬며시, 가볍게 속삭이는 것이다. "물론 네가 나에게 엎드려서 경배한다면 말이지!"

아마 그 말을 하고 나서는 다시 시선을 돌렸을 것 같다. 자기는 아무래도 괜찮다는 투다. 그러면서 예수가 그 짧은 문장을 못 들었기를, 자신의 말발굽[27]을 못 보았기를 바란다. 그는 알고 있다. '인간에게는 뭔가를 가볍게 흘려들을 수 있는 기회를 주어야 한다. 윤리적으로 부담을 느끼지 않도록 해주는 장치, 그런 황금 다리를 만들어 주어야 한다. 그래야 그 위를 걸어서 죄에 이를 수 있으니까!' 바보같이 이런 식으로 말하지는 않는다. "거기, 너! 그래, 하나님의 아들, 너 말이야. 나는 네가 내 부하가 되면 좋겠어. 일단 네 피로 서명을 하도록 해. 그러면 내가 보상으로 이렇게 저렇게 해줄 테니까……." 천만에, 그렇게는 안 된다! 하나님의 아들, 사람의 아들의 양심은 아주 조심스럽게, 전략적으로 다루어야 한다. 그 양심이 뭔가를 못 듣거나, 눈치채지 못할 기회를 주어야 한다. 악마는 알고 있다. '우리가 정말 원하는 게 있을 때는 그것을 살짝 속삭이면서 다른 곳을 바라보아야 해.'

그러나 예수께서는 그 속셈을 즉시 간파하신다. "네가 나에게 엎드려서 경배한다면……"이라는 부문장이 사실은 주문장이라는 것을 알아채신다. 그것은 악마가 자신의 모든 것을 걸고 내놓은 마지막 비장의 카드였다.

시험하는 자는 자신의 모든 희망이 무너져 내린 폐허 위에 홀로 앉아서 중얼거린다. "주인에게는 먹혀들지 않았지만, 그 종들에게는 잘 통하지 않을까? 그리스도를 따른다는 교회에 접근해서 다시 실험해 봐야겠다. '그리스도교'는 나의 철천지원수가 되겠지. 하지만 내가 그 사실을 그리스도인들에게 다 말할 정도로 멍청하지는 않아! 그래서는 안 되지. 내가 그 말을 하는 순간, 그리스도인들은 정신을 바짝 차릴 테고 그들의 양심은 살아날 거야. 그러면 그들은 지금이야말로 '참된 고백이 요구되는 상태'status confessionis라는 사실을 깨닫고 대응하겠지. 나는 이런 모습이 성수반聖水盤이나 거룩한 향연보다 더 혐오스러워. 인간이 일단 그 상태에 들어가면 우리는 아무것도 할 수 없지. 도무지 끄떡도 하지를 않아. 내 앞에 엎드려 경배를 하느니, 차라리 산 채로 불에 던져지든지, 갈기갈기 찢기든지, 사자에게 먹히든지, 십자가에 못 박히든지, 학살을 당하든지, 교수형을 당하든지 주저하지를 않거든. 그건 안 되지. '참된 고백이 요구되는 상태'는 어떤 일이 있어도 피해야 돼! 그러면 어떻게 해야 할까? 아주 간단한 방법이 있어. 하나님의 아들들, 사람의 아들들에게, 교회와 그리스도인들에게 기회를 주는 거야. 지금 그들이 '참된 고백이 요구되는 상태'에 있다는 사실을 그냥 흘려듣고 지나칠 수 있는 기회를 주는 거야. 고백의 상황과 관련된 모든 것을 부문장이나 부록에 집어넣고 행간에 숨겨 놓고서 나중에 그것을 불쑥 내밀어 그들을 깜짝 놀라게 하는 거야. 거기에는 그들이 그들 자신을 나에게 바치기로 했다는 내용이 적혀 있지."

36. 높은 산에서 예수께서 보신 것

악마는 자신의 전략이 처절하게 실패한 것을 떠올리며 그 후로도 종종 비참해했을까? 비록 그때 광야에서 그랬던 것처럼 처절하게 망한 적은 또 없었지만…….

그는 자기가 지금 상대하고 있는 것이 단순히 그리스도인이 아니라 살아 계신 하나님이라는 사실을 그 후로도 자주 경험해야 했을까? 부문장이나 부록으로 슬쩍 끼워 넣는 위장 전술로 그는 승리를 거두게 될까?

"네가 나에게 엎드려서 경배한다면……." 이 짧은 한마디는 겉보기에는 아무 생각 없이 슬쩍 던진 부문장이다. 그러나 이 말은 모든 것 뒤에 슬며시 들어가 있는 은밀한 조건이다.

"너, 하나님의 아들이여! 너는 빵을 얻을 것이다—네가 나에게 엎드려서 경배한다면."

"너는 기적으로 온 세상에 자신을 알릴 수 있다. 너는 성전 꼭대기에서 뛰어내릴 수 있다—네가 나에게 엎드려서 경배한다면."

"너는 세상의 모든 나라와 그 영광을 가지게 될 것이다—네가 나에게 엎드려서 경배한다면."

그때 예수의 영혼은 어떤 생각을 했을까? 우리가 그 비밀을 알아낼 수 있어서 이런 질문을 던지는 것은 아니다. 단순한 호기심으로 던지는 질문도 아니다. 우리는 그때 그분의 눈앞에 드러난 가능성이 얼마나 대단한 것이었는지를 가만히 짐작해 보는 것이다. 그분의 눈앞에 단번에 활짝 펼쳐진 전망을 내려다보면서 우리는 몸이 후들거리는 것을 느낄 수 있다.

그분은 "매우 높은 산" 위에 서신다. 그리고 오고 오는 모든 세대의 제자들을 보신다. 그들은 이런 생각을 할 것이다. '저 예수(그러니까 여기 서 있는 나, 바로 나!), 저 예수께서 이 세상을 구원할 결정적인 한마디를 해주실 것이다.' 제자들은 마음이 완고한 사람들까지 억지로 끌고 와서 그분의 말씀을 듣게 한다. 억지로라도 그분의 가르침이 승리를 거둘 수 있도록 모든 노력을 기울인다. 교회의 영주들과 무명용사들은 그분 이름을 군대의 깃발에 새겨 거룩한 군기軍旗로 삼을 것이다. 그들은 이 군기를 치켜들고 전진하며 이 군기 아래서 죽을 것이다. 그렇게 수천수만의 크고 작은 십자군이 전진하고 후퇴할 것이다. 이 모든 것은 무엇을 의미하는가? 그분이 여기서 손쉽게 얻을 수 있었지만 단호하게 거절해야 했던 바로 그것 아닌가? 사람들은 그분이 보여주신 '단념'(포기)이 무엇인지를 깨닫게 될까? 빛을 알지 못하는 자들이라면 그런 말도 안 되는 '단념'을 보면서 다시금 비난을 퍼붓지 않을까?

그분은 자신의 이름을 내세운 수많은 문명과 시대를 보신다. '그리스도교 국가들'을 보신다. 머리 둘 곳조차 없던 분, 이후로도 그럴 수밖에 없던 분,[마 8:20] 여기 외로운 광야에서 배고픔과 목마름에 시달리던 분, 그분은 사람들이 자신의 이름으로 펼쳐 놓은 위용과 화려함을 보신다.

예수께서는 그 모든 것을 보고 계신다. 그런데 그 뒤에는 또 다른 가능성으로 십자가가 서 있다. 그 모든 나라의 영광은 충분히 황홀하고 매혹적이지 않은가? 그것을 활용해서 그분의 과제와 거룩한 목적을 더 잘 달성할 수 있지 않을까? 악마의 제안을 수락한다고 해서 그 과제를 저버리는 것은 아니지 않는가? 물론 그분의 나라는 이 세상 나라가 아니다. 하지만 이 세상을 다가오는 영원한 나라에 굴복시킬 수 있다면 그것도 좋은 일 아닌가?

그 순간 예수께서도 이 모든 것을 곰곰이 생각해 보셨을 것이다. 그 순간은 그분이—출발하자마자—벌써 인생의 절정에 서 있는 것 같은 순간이다. 그분은 지금 지극히 높은 산 위에 있지 않는가? 다음 순간에는 어디에 있게 될까? 어디, 저 아래? 지금은 손짓 한 번이면 그분의 발에 입 맞출 자들, 저 많은 왕들과 총독들, 저 아래 있는 자들 중에서 누가 그를 박해하고 학대하고 십자가에 못 박게 할까?

예수께서는 세상의 모든 나라와 그 영광과 제왕들의 화려함을 보고 계신다. 그리고 다른 가능성을 보신다. 그분에게 허락된 미래의 어두움이 보인다. 온갖 질문이 솟아오른다. '도대체 왜 하나님은 이 세상에서 그토록 무기력한 모습이어야 하는가? 그가 주인 아닌가? 어찌하여 사람들이 그분을 모독하고 그분 아들의 얼굴에 침을 뱉도록 내버려 두시는가?'

그분이 이 땅 위에서 시작하신 운동, 곧 '그리스도교'는 모든 민족과 문화와 시대를 하나로 묶어 주는 세계관, 하나의 신화가 될 수도 있지 않는가? 그분은 왜 분열의 촉매제, 걸림돌,[사 8:14] 거치는 바위[롬 9:33; 고전 1:23; 갈 5:11]여야 하는가? 왜 그분으로 인해서 사람들의 의견이 두 쪽으로 쫙 갈라져야 하는가? 유유히 흐르던 물줄기가 큰 다리의 기둥에 부딪혀 둘로 갈라지는 것처럼…….

예수께서 직접 이렇게 생각하지는 않으셨다고 해도, 모든 시대와 모든 나라에서 그분의 제자가 된 사람들은 이런 생각과 씨름해 왔다. 그들은 수시로 그 높은 산 꼭대기로 끌려가, 거기서 보이는 광경과 맞서 싸워야 했다. 그렇다. 예수께서는 이 땅에 불을 지르러 오셨다.[눅 12:49] 하지만 그 불이 이 땅을 완전히 태워 재로 만들고 새로운 세상을 세우기에는 너무 약한 것 아닐까? 차라리 연기로 질식시키는 편이 나을 수도 있는데, 또 그러기에는 너무 강한 것 아닐까? 그러므로 그 불이란 것이 사실은 불온한 위험 지대를 말하는 것 아닌가? 가물가물 타오르면서 사람들을 혼란에 빠뜨리고 긴장시키고 고통스럽게 만드는 불꽃?

예나 지금이나 그리스도인들은 스승을 따라서 그 "높은 산"에 올라 하나님과 씨름할 때마다 이런 생각에 휩싸인다.

37. 그리스도인의 무력함

예수께서는 이 모든 것을 보고 계신다. 그런 일이 일어날 것을 이미 아셨다. 그분의 무력함, 감추어져 있음, 도무지 왕과는 거리가 먼 종의 모습에 절망하는 사람들을 보고 계신다. "당신은 언제까지 우리의 마음을 졸이게 하시렵니까? 당신이 그리스도이면 그렇다고 분명하게 말하여 주십시오."요 10:24 사람들은 고함을 지른다. 제발 당당하게, 강력하게, 위엄 있게, 확실하게 말씀해 주십시오!

"오실 그분이 당신이십니까? 그렇지 않으면, 우리가 다른 분을 기다려야 합니까?"마 11:3 사람들은 이처럼 원망하면서 새로운 깃발을 기다린다. 당당하고 멋지게 솟아오른 군기를 기다린다. 그것을 위해서라면 기꺼이 목숨을 바칠 수 있는 그런 깃발이 나타나길 기다린다.

그분은 두세 사람이 모인 작은 무리마 18:20를—저 아래서 환히 빛나는 나라와는 얼마나 대조적인가!—보고 계신다. 그들은 자신들의 무력함을 느끼고 잔뜩 기가 꺾여 극심한 회의에 빠져들었다. 사람들은 하나님에 대해, 그분의 아들에 대해 아무것도 아는 것이 없다. 그런데 어떻게 만물이 하나님에게서 나고, 하나님으로 말미암아 있고, 하나님을 위하여 있다는 사실롬 11:36을 믿을 수 있을까? 그분은 제자들을 보고 계신다. 이별의 시간, 그들의 시야에서 점점 멀어지다가 결국 그들만 남겨 두셔야 했던 그 제자들이다.눅 24:51; 행 1:9

또 그분은 자신의 목소리를 듣고 계신다. "엘로이 엘로이 레마 사박다니? 나의 하나님, 나의 하나님, 어찌하여 나를 버리셨습니까?"막 15:34

어째서 그분은 이 세상을 극심한 혼란 속에 빠뜨리셨나? 그것도 그렇게 무력한 모습으로? 아니, 바로 그 무력함으로(하나님의 무력함의 신비를 통해) 이런 혼란을 일으키신 것일까?

이 세상의 인간들은 마음이 비뚤어져서 하나님을 찾으려고도 하지 않고 자기들이 만든 우상에게 경배한다. 그런 의미에서 폭도요 강도라고 할 수 있다. 아니, 확실하게 그렇다. 하지만 이런 비밀은 하나님 혼자 간직하고 계시는 편이 더 낫지 않을까? 굳이 그 비밀을 자기 아들을 통해, 사도들과 예언자들을 통해 이 세상에 선포하고 그런 다음에는 이렇게 가만히 인간을 기다리시는 것인가? 그러실 필요가 있을까? 그리고 만일 그분이 그것을 꼭 외쳐야 했다면, 굳이 십자가 위에서 하셔야 했나? 온 천지를 울리는 천둥소리와 같은 하늘의 음성으로 하시면 안 되었나? 칼과 권력과 왕국들을 거느리시면 안 되었나? 그래야 인간들이 들을 것 아닌가? 인간을 불쌍히 여기셔서 그들 모두가 그 비밀을 들을 수 있도록 해줘야 하지 않나?

아, 십자가에 못 박힌 한 사람이 된다는 것은 얼마나 어려운 일인가! 북적이는 이 세상에 덩그러니 내던져진 돌멩이 하나, 사람들의 주목을 받지 못한 채 지금도 제 주변만 지키고 있는 돌멩이 하나로 존재하는 것은 정말 어려운 일이다.

이 모든 것을 악마는 하나님의 아들의 귀에 속삭인다. 자신의 영광을 감추지 않는 말과 몸짓으로 속삭인다. 그리고 다시 다른 쪽을 바라본다. 방금 전까지 말한 것, 보여준 것이 오래오래 여운을 남기도록 하려는 것이다. '그래, 우리는 인간을 영혼의 소용돌이 속에 던져 넣어야 해.' 시험하는 자는 인간의 영혼 안에 자기를 위한 최고의 거점이 이미 확보되어 있음을 잘 알고 있다.

38. 악마와 하나님의 정면충돌

그러나 그때 예수의 대답이 들려온다. 그 대답은 악마를 안절부절못하게 만든다. 이번 대답도 다른 대답들과 방식이 동일하다. 예수 그리스도는 전투의 중심에서 물러 나와 하나님 뒤에 서신다. 그분은 이 싸움이 하나님을 위한 싸움, 하나님과 함께하는 싸움임을 아신다. 그렇게 함으로써 이 사건의 전체적인 틀을 확실하게 드러내신다. 이 싸움을 전체적으로 바라볼 수 있는 시야가 확보된 것이다. 이제 비로소 그분이 맞서 싸우고 있는 세력의 정체가 눈에 들어온다. 예수께서는 앞서 그러셨던 것처럼 하나님 뒤로 물러나 그분의 말씀 아래 서신다. "성경에 기록하기를……." 이번에는 기록된 말씀이 바로 이것이다. "주 너의 하나님께 경배하고, 그분만을 섬겨라." 마 4:10

이제 주께서 무대에 등장하신다. 악마는 그것이 무엇을 의미하는지 알고 있는가? 그가 누구와 맞닥뜨리게 될는지 예감이나 했을까? 그리스도를 꺾으려고 달려들었는데, 하나님이 직접 등장하시더니 칼을 내리치신다. 그리스도의 교회를 핍박했는데 알고 보니 그것이 그리스도의 몸이고,[고전 10:16; 12:27] 하나님의 백성을 건드려 봤는데 그분이 눈동자처럼 보호하고 계시고,[신 32:10] 그리스도의 제자들을 공격했는데 그들은 이미 그리스도와 함께 죽고[롬 6:8] 자기 자신과 죄에 대해서도 죽은 몸이라[롬 6:11; 갈 2:19; 골 3:3] 이제는 그리스도 안에서 살아가고,[롬 8:1; 고후 5:17; 빌 1:21] 그리스도도 그들 안에서 살고 계신다.[갈 2:20] 악마는 이것이 무엇을 의미하는지 상상이나 했을까? 그가 도전하고 도발한 상대는 혈과 육이 아니며, 강한 팔을 펼쳐서[사 52:10; 렘 17:5] 그를 산에서 쓰러뜨리고 "사탄아, 물러가라!"는 명령으로 저 음침한 골짜기와 낭떠러지로 쫓아내실 분이라는 것을 예감했을까? 그가 교회의 핵심부까지 파고들어 와서 권좌에 앉아 사도들과 주교들과 감독들이 그 앞에서 장엄한 행진을 펼치게 만드는 대담한 만행을 저지르는 순간, 그의 정체가 드러나면서 쩌렁쩌렁한 목소리가 울려 퍼진다. "사탄아, 내 뒤로 물러가라. 네가 나의 길을 가로막는구나. 너는 하나님의 일을 생각하지 않고, 사람의 일만 생각하는구나!"[28]

그렇다. 시험하는 자는 자기가 찌른 것이 살덩어리가 아니라 살아 계신 주 하나님이라는 것을 이제는 희미하게나마 알아차렸을 것이다. 가장 중요한 현실을 선포하는 음성이 들려온다. "하나님의 아들이 인간이 되셨다. 그분이 우리와 똑같이 시험을 당하신다. 그분께 속한 사람들이 겪게 될 모든 일을 그분이 직접 겪으신다." 시험하는 자의 온몸이 떨리기 시작한다. "너희에게 손대는 자는 곧 주님의 눈동자를 건드리는 자다."[슥 2:8]

이것이 이 사건의 전체적인 틀이다. 이제 분명하게 드러났다. 이것은 하나님과 악마의 맞대결이다. 인간은 한쪽의 칼이거나 다른 쪽의 칼이다. 한쪽의 눈동자거나 다른 쪽의 눈동자다. 어떤 경우에도 인간 스스로 주제Thema가 되지 않는다. 하나님이 주제인 것이다.

39. 예수의 무방비의 비밀

이 모든 것은 무엇을 의미하는가? 아마도 다음과 같이 말할 수 있을 것이다.

하나님은 예수 그리스도 안에서 인간이 되셨다. 그분이 우리를 대신하여, 그러나 우리와 함께, 우리의 형제이자 동료로서 악의 세력에게 공격을 당하신다. 건조한 교리의 언어로 말하자면, 바로 이것이야말로 하나님이 이 세상에서 그토록 무방비 상태로 보이실 수밖에 없는 이유를 드러내는 신비다. 그분이 왜 십자가에서 그렇게 저항도 없이, 원망도 없이 원수들에게 자기를 내어주시고 침 뱉음을 당하시고 죽임을 당하셨는지를 드러내는 신비다. 이것이 바로 그분이 광야에서 모든 권세와 왕국들을 거부하실 수 있었던 신비다. 그분이 왜 끝까지 가난한 모습으로 아무런 무기도 사람도 없는 상태를 유지하셨는지 그 이유를 드러내는 신비다. 그분의 무방비함은 그분이 받은 사명의 가장 심오한 본질이다.

그분의 사명은 하나님의 사랑을 선포하는 것, 아니, 그 사랑을 가져와 그것이 그분의 몸으로 드러나게 하는 것이었다. "하나님이 세상을 이처럼 사랑하셔서 외아들을 주셨으니……."요 3:16 그런데 우리는 그 놀라운 사랑의 기적이 이해가 되지 않는다. 그 사랑의 메시지 때문이다. 도대체 그 사랑은 뭐라고 말하는가?

보라, 하나님이 너의 곁에 너의 형제로 계신다. 그분이 너와 똑같은 인간이 되셨다. 사람아, 보라! 지금 너의 오른쪽에서 걷는 분, 그분이 하나님이다. 네가 너의 모든 말과 생각과 행동으로 거부하는 그 하나님이다. 네가 그분 없이 살려고 하고 그분 때문에 부담을 느끼거나 방해를 받지 않으려는 그 하나님이다. 네가 그러는 까닭은 사실 그분을 두려워하기 때문이다. 자기가 도둑이면서 "도둑이야, 저 도둑놈 잡아라!" 하고 소리치는 사람이 있는데, 네가 꼭 그런 모습이다. 너는 말한다. "하나님은 죽었다!" 그런데 보라, 정말 죽은 것은 바로 너다. 너는 이미 오래전부터 하나님에 대하여 죽은 자, 하나님을 떠나서 죽은 자다. 그래서 (온갖 활동을 하고 있지만!) 아무런 의미 없이 비실거리는 모습이 꼭 네가 섬기는 우상의 모습과 같다. 너 사람아, 너는 너의 위대함과 당당함과 결단력을 의지하며 살고 있구나. 네가 섬기는 우상과 이념이 참으로 크고 웅장하며 엄청난 부와 수많은 예술과 드높은 사상을 자랑하는구나. 그러나 네가 살아 계신 그분을 보는 순간, 그것들은 모두 죽은 것임을 알게 되리라. 모든 것 안에 존재하는 모든 것이신 그분 앞에서 다른 것들은 온통 허무에 불과하다. 없는 것을 불러내어 '있는 것'이 되게 하는 분,[롬 4:17; 계 1:8] 그분이 네게 나타나시면 다른 모든 것은 사라져 버릴 것이다. 그러므로 살아 계신 하나님 앞에서 죽은 것은 바로 너, 그리고 너의 우상들이다. 너는 살아 계신 하나님 앞에서 죽은 자다.

이 죽음이 무엇인지 아는가? 그것은 네가 하나님과 아무런 친밀한 사귐 없이 사는 것이다. 살아 계신 분이 그런 너를 알고 계시며, 그분의 진노가 너를 향하고 있다는 것이다.[시 90:7] 그래서 하나님으로부터 오는 모든 것이 너에게는 새로운 죽음이 될 수 밖에 없다.롬 7:10, 13 그분의 위엄이 드러나는 곳의 경계를 침범하거나 거룩한 산에 접근하는 모든 생명이 죽는 것처럼,출 19:12 너도 하나님과 접촉하면 항상 죽을 수밖에 없다. 이것이 너의 죽음에 이르는 병이다. 그리고 여기서 죽는다는 것은 하나님이 너에게서 영원히 멀어지신다는 뜻이다(너에게 이런 일이 벌어지는 것은 너무나 당연하다). 그렇다. 그분이 네 인생의 영역 바깥으로 가 버리시고 너는 그분과 아무 관계도 맺지 못한 채 헤매는 삶을 산다는 뜻이다. 사람아! 네가 스스로 만든 종교를 추구하고 너의 박학다식이 주는 위로를 열심히 파고들지만, 그것은 결국 방황의 발자국을 되짚어 보는 것에 불과하다.

그런데 보라! 그렇게 멀어졌던 하나님이 지금, 도무지 설명할 수 없는 사랑으로 너에게 가까이 다가오셨다. 네가 그분을 붙잡을 수 없었지만, 그분이 너를 꼭 붙잡으셨다. 네가 그분을 찾아나설 수 없었지만, 그분이 너를 발견하셨다. 너는 그분을 핍박했지만, 그분은 너를 사랑하셨다.

너는 묻는다. 어떻게 그런 일이 일어날 수 있는가? 하나님이 자기를 낮추어 너에게 오시고 너를 찾으심으로써 그 일이 일어났다. 그분이 너의 형제가 되심으로써 그 일이 일어났다. 그분이 너와 그분 사이에 크고 무섭게 벌어져 있는 어둠의 절벽, 네가 고집스럽게 벌려 놓은 그 까마득한 어둠 속으로 들어오심으로써 그 일이 일어났다. 그분이 인간의 모습으로 나타나 너와 같은 대열에 서시고,빌 2:7 너와 나처럼 똑같이 시험을 받으시고,히 4:15 너와 함께, 그리고 너를 대신해 악한 세력을 견뎌 내심으로써 그 일이 일어났다. 그분이 너의 외로움을 자기 어깨에 짊어지시고,막 15:34

너의 죽음을 죽으시고, 너의 두려움을 남김없이 맛보시고,막 15:34 너의 갇힘을 견디시고,눅 22:47 이하 스스로 사로잡으심으로써엡 4:8 그 일이 일어났다.

이제 하나님이 이 세상에서 그토록 무방비 상태인 것이 무엇을 의미하는지 이해하겠는가? 그것이 그분의 사랑의 증거임을, 너와 한 형제요 자매라는 증거임을, 그분이 인간이 되셨다는 증거임을 알겠는가? 지금 여기서 드러난 것은 희생, 곧 하나님의 희생이라는 사실을 느낄 수 있는가? 그분은 너에게 자신을 내어주신다. 그런데 네가 그분을 어떻게 했는지를, 십자가가 보여준다. 그러나 바로 그렇기 때문에—그 모든 것에도 불구하고!—십자가는 그분의 가장 큰 사랑의 증거가 아닌가? 그 십자가는 그분이 너를 향해, 너와 함께 걸어간 사랑의 길 맨 마지막에 서 있다. 그분의 십자가는 네 마음 깊은 곳이 그분을 어떻게 대하고 있는지를 폭로한다. 네가 그분을 얼마나 거부하고 몰이해하는지, 얼마나 그 사랑을 튕겨 내고만 있는지를 폭로한다. 그분의 변함없는 사랑과 너의 변함없는 증오가 마지막으로 뚜렷한 대조를 이루면서 그분은 너를 위해 죽으셨다. 이것이 십자가가 폭로하는 진실이다.[29]

하나님은 인간 때문에 죽으셔야 한다. 이로써 인간은 자기 마음을 제대로 알게 된다. 인간이 스스로 자기에 대해 알 수 없었던 것, 혹은 희미하게 의식했던 것을 확실하고 명확하게 볼 수 있게 된다.시 139:23-24; 고전 13:12 하나님은 인간을 위해 죽으신다. 이로써 인간은 그와 동시에, 그리고 모든 것을 뛰어넘어 하나님의 마음을 제대로 알게 된다. 그에게 마침내 문이 활짝 열렸다는 것을, 모든 것이 복음으로 가득하다는 것을 제대로 알게 된다. 이것이 하나님이 무방비 상태로 다가오심의 신비다.

40. 예수의 무방비, 그 은혜와 심판

이 신비를 다른 말로 풀어 쓰고자 한다면, 또 다른 새로운 신비로만 가능할 것이다. 그 신비로운 단어가 곧 '은혜'다. 멀어졌던 하나님이 인간에게 오셔서 자신을 인간에게 내어 주시고, 자기가 그렇게 인간에게 내맡겨진 존재가 됨을 참아 내신다는 사실이 은혜다. 또한 그분이 이러한 은폐와 가면—그러나 이는 단순한 가면 그 이상이다!—곧 형제의 가면, 종의 가면, 십자가에 못 박힌 자의 가면, 시험당하는 자의 가면, 무방비로 당하는 자의 가면을 하나하나 벗어 던지고 결국에는 누추한 걸인의 옷을 남긴 채 '십자가의 그늘' 아래서 왕의 왕, 주의 주로 드러나신 것이 은혜다.마 16:16

하나님은 인간이 되신 말씀, 그리스도 안에서 분명하게 몸으로 드러나셨다. 이것이 은혜다. 그러나 그분이—당신에게도 나에게도—은폐된 모습으로 나타나셔서, 우리의 어리석고 제한된 두 눈이 바라는 대로 걸인이나 종교 창시자와 혼동되지 않는 것도 은혜다. 모든 것이 은혜다. 그리스도가 존재하시는 것, 그분이 우리를 위해 존재하시는 것도 은혜다. 빛이 어둠 속에 비치고, 그분이 우리에게, 또 나에게 오신 것도(그렇지 않으면 우리가 어떻게 그 빛을 알 수 있었겠는가?) 은혜다.

그래서 루터도 이것을 깨닫고는 거듭거듭 강조했다. 하나님의 은혜는 권능이 아니라 무방비라는 것을! 그 은혜는 영광이 아니라 십자가다. 지진이나 불이 아니라 고요하게 스치고 지나가는 바람이다.[왕상 19:11 이하] 그 은혜는 '보는 것'이 아니라 '믿는 것'이며, 공공연한 증명[요 20:24-29]이 아니라 성령의 선물이다.

이 모든 것이 하나님의 은혜요 신비다. 그런데 은혜의 신비 중에서 가장 심오한 것은 그 은혜가 언제나, 동시에 심판이라는 사실이다. 그렇다! 은혜는 항상 이 어두운 면, 다른 면을 내포하고 있다. 왜 그래야 하는가? 놀랍게도 인간은 그 은혜 앞에서 숨어 버릴 수 있기 때문이다. 인간은 그 은혜를—그것이 무방비 상태이므로 더더욱—모독하고 그것을 가로막는 결정을 내릴 수 있다. 세상의 권력, "세상의 모든 나라와 그 영광" 앞에서는 꼼짝도 못하면서 하나님의 은혜 앞에서는 아무런 거침이 없다. 그렇지 않은가? 인간은 주님을 '상상으로 꾸며 낸 주님'이라고 말하면서도 아무런 처벌도 받지 않는다. 무방비의 은혜, 무방비의 주님을 온갖 명목으로 악용한다. 거짓 맹세, 교묘한 종교정책, 번쩍이는 장식품, 열광적인 체험과 감동을 위해 악용한다. 심지어 모든 문제의 희생양으로 만들기도 한다. 한 나라가 잘못된 것도, 더 나아가 서양 전체의 역사가 잘못된 것도 모조리 그 희생양의 책임으로 돌리면서 아무런 처벌을 받지 않는다. 하늘에서 벼락이 떨어지지도 않는다. 오늘도 어린양은 도살장으로 끌려간다.[사 53:7] 오늘도 내일도 계속해서! 그런데도 못된 자들에게는 눈에 보이는 징벌이 내려지지 않는다.

하나님의 은혜는 이 세상을 향한 질문이다. 그리고 세상은 대답한다(세상은 곧 우리다. 여기 이렇게 쓰고 읽고 있는 우리가 대답한다). 이제 곧 질문의 시간이 지나가고 하나님의 날이 다가온다. 하나님만이 홀로 계시며 오직 그분만 대답하신다. 그분의 대답은 칼과 방패, 불과 권능, 지진과 폭풍이다. 무방비 상태였던 분이 온 세상이 바라보는 가운데 전능자로 나타나신다. 그러나 그분은 처음부터 전능하신 분이었다. 이 세상의 왕국도 빛나는 영광도 없이 우리 가운데 머무셨던 그분이 실은 온 세상을 손에 쥐고 계셨다. 여우에게도 있는 거처 하나 없던 분, 들짐승보다도 가난했던 그분이 실은 모든 피조물의 주인이셨다. "내가(전능자!) 굶주릴 때 너희는 내게 먹을 것을 주지 않았다. 내가(전능자!) 목마를 때 너희는 내게 마실 것을 주지 않았다. 내가(전능자!) 나그네로 있을 때 너희는 나를 영접하지 않았다. 내가(전능자!) 헐벗었을 때 너희는 내게 입을 것을 주지 않았다. 내가(전능자!) 병들어 있을 때나 감옥에 갇혀 있을 때, 그렇게 무방비 상태일 때 너희는 나를 찾아 주지 않았다." 마 25:42 이하

그러자 그들이 묻는다. 도대체 당신이 어디 계셨습니까? 우리는 당신을 보지 못했습니다. 우리는 영광을 기대했는데 십자가와 비천함만 보았습니다. 당신이라는 표시가 어디 있었습니까? 아무도 우리에게 저기 당신이 있다고 말해 주지 않았습니다. 거짓 예언자들, 사이비 왕들이 너무 많습니다!

그러자 주님은 한 줄로 길게 도열해 있는 그분의 종들을 가리키신다. 박해받는 자들, 헐벗은 자들, 벌거벗은 자들, 굶주린 자들, 목마른 자들, 십자가에 못 박힌 자들, 불에 태워진 자들……. 그들이 바로 그분의 몸에 속한 자들이다. 세상 사람들이 저들에게 한 짓은 주님의 눈동자를 건드린 것, 다른 누군가가 아니라 바로 그분을 괴롭히고 십자가에 매달고 조롱한 것이다.

이제 그분의 대답이 들려온다. "내가 진정으로 너희에게 말한다. 여기 이 사람들 가운데서 지극히 보잘 것 없는 사람 하나

에게 하지 않은 것이 곧 내게 하지 않은 것이다."마 25:45

이렇듯 하나님의 아들과 그분의 자비의 무방비 상태는 그분의 날에 대한 예고다. 하나님의 공식적인 통치에 대한 예고다. 그분의 통치는 이미 시작되었고 드러나지 않게 이미 우리 가운데 있다. 하나님의 통치는 걸인 나사로처럼 이 세상의 뒷문에서 기다리고 있다. 그 집의 부유한 주인은 그분의 통치가 앞문으로 지나가는 것을 원치 않는다. 하나님의 통치는 기다리고 기다리다가 비밀스런 힘으로 떨리기 시작한다. 모든 것은 그분의 것이다. 대들보에서 뭔가 졸졸 흐르는 소리가 들린다. 끝 모르는 깊이에서 올라오는 힘 때문에 떨리는 것 같은 이상한 떨림이 집의 기둥과 외벽을 흔들고 또 흔든다. 그러나 부자는 자신의 육중한 발걸음 때문에 그런 진동이 있나 보다 하고 생각한다. 그러고는 돌바닥 위에 값비싼 양탄자를 깐다. 그러면 그 묵직한 굉음이 안 들릴 것이라며…….

에필로그

예수께서 이 모든 말씀을 마치시고 악마에게 그 뜻을 분명히 드러내시자, "이때에 악마는 떠나가고, 천사들이 와서, 예수께 시중을 들었다." 마 4:11

이것은 얼마나 특별한 마무리인가! 광야의 시간은 최악의 낭떠러지와 최고의 하늘나라를 내포하고 있는 것이다. 그리스도께서 "우리와 마찬가지로 시험을 당하셨다." 이것이 이 시간이 드러내는 하나의 기적이다. 그분은 이처럼 시험을 당하심으로 "우리의 연약함을 함께 겪으신 것"이며, 그로써 우리는 인생의 가장 깊은 위험 속에서도 우리 곁에 한 형제가 있음을 경험한다. 우리의 삶에서 철저하게 외롭기만 한 시간은 없는 것이다.

그러나 이 시간에는 또 다른 기적이 있다. "그분은 우리와 마찬가지로 시험을 당하셨다. 그러나 죄가 없으시다."

이것이 무슨 의미인지 우리가 헤아릴 수 있을까?

우리의 출발 지점을 생각해 보자. 예수께서는 시험을 받으시기 위해 광야로, 고독 속으로 들어가셔야 했다. 그분은 우리를 유혹하고 죄짓게 하는 것으로 넘쳐 나는 세상 속으로(우리 생각에는 그 편이 더 자연스러워 보였지만!) 들어가지 않으셨다. 여기서 우리는 시험의 진정한 의미를 고민하게 해주는 하나의 힌트를 발견했다. 요컨대 시험의 비밀은 인간이 늘 시험에 드는 존재라는 사실이다. 이 비밀은 인간 바깥에, 그러니까 죄를 지을 만한 외부의 조건에 있는 것이 아니라 인간 안에 있다. 그 안에 낭떠러지가 크게 입을 벌리고 있다. 천 번 만 번 뛰어넘었는데도 언제나 그 자리에 있다. 인간이 실제로 남의 물건을 훔치지는 않았더라도 (시험에 들어) 훔치고 싶은 마음이 생기는 것은 원래 그가 도둑이라서 그렇다. 인간이 실제로 살인하지는 않았더라도 (시험에 들어) 죽이고 싶은 마음이 생기는 것은 원래 그가 살인자라서 그렇다.

그러므로 우리가 언제든지 거짓말, 도둑질, 간음의 시험에 빠질 수 있다는 사실은 우리가 거짓으로 가득 찬 창조물이라는 것을 보여준다. 우리는 인생의 이 근본적인 상태에서 벗어날 수 없다. 아무리 우리가 거짓말과 싸워 이긴다 해도, 온 몸과 영혼의 힘을 다 동원하여 진리를 쟁취한다 해도! 우리가 거짓말을 하게 만드는 시험은 여전히 남아 있다. 우리 안의 낭떠러지는 여전히 크고 어두운 입을 벌리고 있다. 죄는 무자비한 탐욕을 머금은 채 도사리고 있다. 이것이 시험에 대한 충격적인 가르침이다. "아, 나는 비참한 사람입니다. 누가 이 죽음의 몸에서 나를 건져 주겠습니까?"롬 7:24

바로 여기서 예수께서 겪으신 시험의 가장 궁극적이고 심오한 기적이 드러난다. 그것은 우리가 이해할 수 없는 기적, 그래서 간구할 수밖에 없는 기적이다. 그 기적은 그분이 죄가 없으시나 시험을 받으셨다는 사실이다. 그 기적 때문에 그분은 우리 위에 우뚝 서신다. 그분이 우리와 함께 고난을 당하는 형제라는 사실은 분명한데, 그것으로 끝이 아니다. 그분의 존재가 그것으로는 다 설명되지 않는다.

그분은 우리와 똑같이 시험을 당하셨기 때문에 우리의 가장 낮고 비천한 자리까지 내려오셨다. 그러나 그분이 시험을 당하셨다는 것은, 그분 안에도 죄의 낭떠러지가 이미 생겨났고 사탄도 이미 그분 안에 들어와 있었다는 뜻이 아니다. 그 시험은 순결하신 분, 죄가 없으신 분, 바로 그분에게 찾아왔다. 그분은 그 시험을 통과하신다. 어떤 것도 그분을 건드릴 수 없었다. 훗날 무리가 그분을 붙잡으려 했지만, 그분이 거기서 유유히 빠져나가셨던 것처럼! 그래서 그분은 시험마저도 다스리시는 주님, 승리한 왕이시다.

그분은 죄가 없으시다. 그런데도 시험을 받으셨다. 이것이 지금 우리 앞에 놓여 있는 수수께끼다. 하지만 우리의 이성은 그 수수께끼를 결코 풀 수 없다. 그것은 우리 눈앞에서 일어난 기적이며, 우리가 예수에게서 마주하는 모든 것이 그렇듯이, 하나님만이 보여주실 수 있는 깊이다.

예수께서는 낮고 비천한 인간의 자리에 오셔서, 거기서 우리의 형제가 되셨지만, 바로 거기서 다시 높아지신다. 인간은 시험에 들기 전부터 이미 깨끗지 못한 존재이지만, 그분은 모든 인간적인 것 너머로 높이 오르신다. 우리는 높이 계신 그분을 바라본다. 그분은 모든 죄를 발로 짓밟는 주님이시다. 아무리 제사장이라도 죄와 죽음에 빠질 수밖에 없지만 그분은 인류의 모든 제사

장보다도 크신 분이다.

그러므로 우리는 이중의 위로를 받고 있다. 그리스도께서 우리의 형제이시기에 우리는 시험을 당할 때 결코 외롭지 않다. 사탄이 만들어 낸 가장 깊은 시험에 우리가 떨어져도 그분은 거기서 우리와 함께 고통당하신다.

또한 그분은 모든 죄를 초월하여 하늘의 순결함 속에 계시는 분이기에, 우리는 그분께 우리를 시험에서 보호해 달라고 간구할 수 있다. 우리는 그분의 사랑의 영원함을 확신한다. 그리스도는 죽음과 악마에게 시달리는 우리에게 다가오셔서 우리의 오른편에 서 주실 뿐 아니라, 높고 영원한 보좌에 앉으셔서 우리를 지켜 주신다. 그분이 주님이시기 때문이다.

그분의 권능의 날개 아래서 맛보는 아늑함은 우리에게 평화를 준다. 그것은 세상이 줄 수도 없고 빼앗을 수도 없는 평화다. 세상이 주는 평화는 얼마나 작고 작은가! 세상의 평화란 스스로 세상이 흘러가는 이치를 두루 꿰고 있다고 생각하면서 유연하게 그 이치에 맞추어 사는 사람들이 느끼는 고요함일 뿐이다. 그들은 나름대로 안식처를 찾아냈다고 생각하지만 그것은 일종의 도피에 불과하다. 또 어떤 사람들은 무슨 일이 일어나도 관여하지 않고 그저 관망만 하는 무관심한 태도를 평화라고 여기며 살아간다. 그러나 예수의 평화는 세상이 줄 수도 없고 빼앗을 수도 없는 평화다. 이 평화는 두 가지 확신에 기초한 평화다. 하나는 그리스도께서 우리에게 닥쳐오는 모든 일의 주님이시며, 또한 우리가 하나님과 악마 사이의 줄다리기, 곧 시험으로 마주하는 모든 인간적인 사건들 속에 나타난 깊은 고통까지 다스리는 주님이시라는 사실이다. 또 하나의 확신은 그리스도께서 그런 사건, 그런 깊은 고통 가운데서도 우리와 함께 계신다는 사실이다. 그분은 그 두 가지 확신 속에서 우리의 평화가 되신다.

주님이시면서 형제, 왕이시면서 동행자, 다스리시면서 함께 고통당하시는 분. 이것이 구원자 예수의 드높은 기적이다. 우리가 어디에 있든지 우리 위에 드리워진 하늘 아래서 살아가듯이, 우리는 바로 그 기적 아래서 살아간다. 우리는 그 기적의 이름으로 살아간다. 예수, 우리의 구원자, 우리의 형제! 그 기적이 우리에게 평화를 선물한다. 모든 생각을 뛰어넘는 높고 높은 평화!

주

1. 피로스(Pyrrhos, 주전 319-272)는 헬레니즘 시대 에페이로스 왕국의 왕으로, 초기 로마의 강력한 적수였다. 주전 280년 피로스의 대군은 전투 코끼리들을 이끌고 이탈리아 원정에 나서 로마군에게 승리를 거두었으나 피로스의 군대도 막대한 피해를 입었다. 그 때문에 '피로스의 승리'는 명목상으로는 이겼지만 아군의 희생이 너무 커서 유명무실한 승리를 일컫는 표현이 되었다.

2. 파우스트 전설은 인간으로서의 모든 지식과 재주를 얻었지만 그것에 만족하지 못하고 우주의 신비와 최고의 쾌락을 누리기 위해 악마에게 영혼을 판 인물 파우스트에 관한 이야기다. 그리스도교의 속박에서 벗어나 자신의 무한한 욕망을 충족시키려 분투하는 이 비극적인 영웅의 이야기는 많은 작가들의 집필 소재가 되었다. 가장 대표적인 작품으로 요한 볼프강 폰 괴테의 『파우스트』가 있다.

3. 틸리케는 이 시의 출처를 프랜시스 톰슨(Francis Thompson, 1859-1907)의 The Heart라고 밝힌다. 톰슨의 시 원문과 틸리케가 인용한 독일어 번역 사이에는 차이가 있다.

[영어 원문] And all man's Babylons strive but to impart
The grandeurs of his Babylonian heart.

모든 인간의 바벨론은
자신의 바벨론적인 마음의 위대함을 전달하고자 애쓸 뿐이다.

틸리케는 『개신교 신앙』(*Der evangelische Glaube*) 전집 제3권 『영의 신학』(*Theologie des Geistes*, Tübingen: Mohr Siebeck, 1978, 559)에서도 톰슨의 시를 인용한다. 이 책에서는 틸리케가 인용한 독일어 번역을 우리말로 옮겼다.

4. 이 부분은 그림 동화(*Grimms Märchen*)에 나오는 이야기 「어부와 아내」와 관계가 있다. 커다란 넙치(마법에 걸린 왕자)를 잡은 어부는 (아내의 요구에 따라) 점점 더 큰 소원을 말하는데 나중에는 자기가 왕, 황제, 교황, 신이 되고 싶다고 한다.

5. 독일의 시인이자 극작가 베르톨트 브레히트(Bertolt Brecht, 1898-1956)가 대본을 쓰고 음악가 쿠르트 바일(Kurt Weil, 1900-1950)이 곡을 붙여 무대에 올린 풍자 오페라(1928).

6. 먹을 것(또는 급료)을 적게 주면서 혹독하게 부려 먹는 것을 뜻하는 독일어 관용구.

7. "좀 더 구원받은 모습"이라는 표현은 프리드리히 니체의 『차라투스트라는 이렇게 말했다』 제2부 "성직자들에 관하여"에 나오는 문장을 겨냥한 것으로 보인다. "그들이 더 나은 노래를 불러야 내가 그들의 구원자를 믿을 수 있을 것이다. 그의 제자들이 나에게 좀 더 구원받은 모습을 보여야 할 것이다." Friedrich Nietzsche, *Also sprach Zarathustra. Ein Buch für Alle und Keinen*(Stuttgart: Alfred Kröner Verlag, 1969), 98.

8. "반드시 숨어들어 온 곳으로 나가야만 한다는 것"은 단순히 "악마와 도깨비들의 법칙"만은 아닌 것 같다(요한 볼프강 폰 괴테, 『파우스트』 비극 제1부, 메피스토펠레스[1410], 이인웅 옮김, 파주: 문학동네, 2006, 43). 사악한 자가 자신은 직접 모습을 드러내지 않고 미디어를 통해(예컨대 '그럴싸한 하나님'이라는 매개물을 사용하여) 일을 하는 것도 그런 법칙인 것 같다. 이와 유사한 것이 이피게니에가 묘사하고 있는 전제 군주의 모습이다. "비인간적인 일을 요구하는 왕께는 자비와 칭찬을 꺼리고 거의 저주에 가까운 일을 열렬히 수행하는 신하가 얼마든지 있습니다. 그렇더라도 왕의 인간성이 더럽혀지지는 않겠지요. 왕은 자욱한 연기 속의 죽음을 생각하고 그의 사신들은 가련한 이들의 머리 위에 불타는 파멸을 가져오겠지요. 하지만 비할 바 없으신 신은 폭풍 속에서도 그 높은 곳에서 고요히 거닐고 계십니다"(요한 볼프강 폰 괴테, 「타우리스의 이피게니에」 제5막 3장, 『이피게니에 · 스텔라』, 김주연 외 옮김, 파주: 민음사, 1999, 285-286).••

9. 원문에는 'Apfelgott'(apple god)라고 되어 있다. 이것은 루터가 『대교리문답』에서 제1계명을 해설하며 사용한 표현인데, 루터 연구가들은 'Aftergott'(엉터리 신)를 루터가 오기한 것으로 추정한다. 마르틴 루터, 『대교리문답』, 최주훈 옮김(서울: 복 있는 사람, 2017), 62.

10. 이 시에 곡을 붙인 작품이 찬송가 591장 「저 밭에 농부 나가」이다. "저 밭에 농부 나가 씨 뿌려 놓은 후 / 주 크신 능력 내려 잘 길러 주셨네. / 또 사시사철 따라 햇빛과 단비를 / 저 밭에 내려 주니 그 사랑 한없네. / 온갖 귀한 선물 주님이 주신 것 / 그 풍성하신 은혜를 다 감사드리세."

11. 독일어권에서 사용하는 루터역 성경(Lutherbibel)에서 마태복음 6:33("그리하면 이 모든 것을 너희에게 더하여 주실 것이다.") 중 '더하여지다'는 부분의 번역은 '누구의 손에 떨어지다', '누구의 소유가 되다'는 의미의 'zufallen'이다. 이 동사의 명사형 Zufall은 '우연'이라는 뜻이 있다. 독일어 청중은 "더-하여진 선물"(Zu-fall-Gabe)이라는 말을 들으면서 '우연'의 선물이라는 함의까지 함께 생각했을 것이다.

12. 파울 게르하르트(Paul Gerhardt, 1607-1676)는 독일 개신교 신학자이자 목회자로서 독일어권에서 가장 위대한 찬송가 작사가로 손꼽힌다. 종교개혁의 정신과 경건주의를 기반으로 인생의 수많은 시련과 고통에 꺾이지 않고 오히려 그것을 승화시키는 신앙의 힘을 아름다운 찬송시로 표현했으며, 그의 시에 곡을 붙인 찬송가들은 개인의 신앙과 공적 예배에 큰 영향을 끼쳤다. 틸리케가 인용한 가사는 독일의 신앙인들이 즐겨 부르는 찬송가 Befiehl du deine Wege("너의 길을 맡기라") 4절에 나오는 것이다.

13. 여기서 말하는 것이 평정심을 추구하는 어떤 종파의 무사태평한 자세라든가 정치적으로 모든 것을 대충 풀어 나가려는 낙관주의라고 생각한다면 그야말로 바보 같은 생각이다.

오히려 정반대다. 우리는 이 '걱정 없음'을 통해서, 좀 더 정확히 말하면 궁극적 존재 안에서 경험하는 고요함을 통해 자유로워짐으로써 더욱 사려 깊은 판단과 투명한 행동을 하게 된다. 우리는 궁극적이지 않은 것들에서 나오는 사이비 불빛에 현혹되거나 두려워하거나 산만해지지 않는다.••

14. 이 모든 일이 개신교 신앙에서 말하는 "오직 믿음으로", "오직 은혜로"와 관련이 있음을 누구라도 분명하게 알 것이다.••

15. 로마의 도시 폼페이는 주후 79년 베수비오 화산의 폭발로 매몰되었다. 폼페이의 병사들이 아무리 용감하고 잘 훈련되어 있어 봐야 무슨 소용이 있겠는가? 용암이 분출하여 모든 것을 휩쓸고 지나가는데!

16. 요한네스 셰플러(Johannes Scheffler, 1624-1677)가 지은 찬송가 Mir nach, spricht Christus, unser Held("나를 따르라, 우리의 영웅 그리스도께서 말씀하시네") 3절의 한 소절이다. "너무 힘이 드는가? 내가 앞서가노라. / 내가 너희의 곁에 서 있다. / 내가 직접 싸우리라, 내가 길을 트고 나가리라. / 내가 이 싸움의 모든 것이다. / 나쁜(무익한) 종, 가만히 서서, 사령관께서 앞서 나가시는 것을 보네."

17. 시편 130:1("주님, 내가 깊은 곳에서 주님을 불렀습니다.")의 라틴어 첫 구절.

18. 베토벤 교향곡 제9번 4악장 「환희의 송가」의 한 소절. 이 곡은 독일의 극작가이자 시인 프리드리히 실러(Friedrich von Schiller, 1759-1805)의 동명의 시(An die Freude, 1785)에서 가사를 빌려 왔다.

19. Albrecht Schaeffer, *Demetrius. Ein Trauerspiel*. 4. Aufzug, 17. Auftritt(Berlin: Ernst Rowohlt, 1923), 139.••

20. 요한 볼프강 폰 괴테의 『파우스트』에 등장하는 악마.

21. 예수께서 어린 시절에 진흙으로 새 한 마리를 빚으시니 그것이 정말 살아 있는 새가 되었다는 전설은 그야말로 그냥 전설이다. 그런 전설이 '놀이'(Spiel)다.••

22. 독일어로 '예배'(Gottesdienst)는 하나님(Gott)을 섬기는 것(Dienst)이라는 뜻이다.

23. 독일 제국 시절(1899-1902) 전함의 이름. 폐선이 된 후 1915년부터 무선 조정이 가능한 장치를 달아 독일 해군의 함포 훈련용 표적함으로 사용되었다.

24. 고트프리트 빌헬름 라이프니츠의 1710년 저서 『변신론』 제1부 50절(이근세 옮김, 파주: 아카넷, 2014)에 나오는 말이다.

25. 이런 사례를 근거로 기술 자체를 '선하다'거나 '악하다'고 단정 짓는 것은 물론 어리석은 일이다.••

26. 창세기 3:6에서는 "슬기롭게 할 만큼" 탐스러운 나무의 열매다.

27. 악마가 자신의 정체를 드러내지 않기 위해 애써 감추고 있던 말발굽, 곧 마각.

28. 마가복음 8:33

29. 교회의 수난곡은 하나님의 아들이 나를 위해 죽으시고, 또 죽으실 수밖에 없다는 사실을 노래한다. 거기서 내 마음이 무섭게 폭로되는 일이 일어난다고 노래한다. 우리가 그 폭로를 견뎌 낼 수 있는 것은, 골고다가 동시에 놀라운 용서의 상징, 말로 표현할 수 없는 상징이

기 때문이다. "주님, 당신이 견디시는 그것은 / 모두 나의 짐이나이다. / 당신이 친히 지고 가시는 그것은 / 실은 내가 감당해야 마땅하나이다. / 보소서, 여기 이 불쌍한 자가 서 있나이다. / 내가 그 진노를 받아 마땅하나이다. / 오, 나를 불쌍히 여기시는 이여, / 나에게 당신의 은혜의 눈빛을 주소서"(파울 게르하르트). "나, 바로 나와 나의 죄 / 바닷가의 모래알처럼 많으니 / 그 죄가 당신에게 슬픔을 안기고 / 당신을 때리니 / 당신을 학대하는 무리이니라"(파울 게르하르트). "나의 주님, 나의 죄책이 / 당신으로 하여금 그 고통과 곤경을 / 당하시도록 했으니 / 쓰라린 십자가의 고통 속에서 / ……."••

성구 색인

독자 여러분께 부탁드린다. 나의 글에 언급된 성경 구절을 꼼꼼하게 찾아서 읽어 주기를 바란다.

마태복음

마가복음

누가복음

요한복음

사도행전

로마서

고린도전서

고린도후서

갈라디아서

에베소서

빌립보서

골로새서

디모데전서

히브리서

야고보서

베드로전서

요한1서

요한계시록